U0147762

敦煌石窟與文獻研究・下冊

目次

敦煌文獻研究

本所藏《酒賬》研究

　　《歸義軍衙府酒破曆》現分裂為三截：前半截存文物研究所，館藏號 D0038（發表號為敦研 001 號），長 23 釐米，寬 30 釐米，11 行，紙張的接縫處鈐有「歸義軍節度使新鑄印」，現存印記一方半，印 5.8x6.1 釐米，略呈縱長方形；後半截原為董希文先生收藏，而後流失日本，成為青山杉雨先生的藏品，1997 年，其子青山慶示先生將其收藏的 8 件敦煌文獻捐獻給敦煌研究院，其中即有此酒賬後半截，長 23 釐米，寬 81 釐米，37 行半，敦煌研究院編號為 D0784，文物研究所資料室尚保存著該件未割裂前的臨本照片一份，上述 2 件共記錄 100 筆（圖 1）；P.2629 為此件的第三段，存 55 行半，共記錄 113 筆，首與 D0784 相接，中有 4 方「歸義軍節度使新鑄印」，後文稱《續卷》。酒賬保存了四月九日至十月十六日共 213 筆支出，均為歸義軍政權的公費支出，從多個方面反映出敦煌當時的政治、經濟、文化面貌。

▲ 圖 1　D0083+D0784《酒賬》

　　敦煌文物研究所（敦煌研究院）藏 D0038+D0784 酒賬保存了某年四月九日至六月廿四日之間的 100 筆賬。其中「五月」「六月」4 個字用紅色書寫，如需查檢，一目了然。這可能是當時歸義軍衙門中各司記賬格式。又，其中有幾筆賬是累計賬，凡跨月行文多半用「去幾月幾日到幾月幾日計用多少酒」的方法登入，為便於檢閱，我們列表如下（不改動原文）：

順序號	時間		事由	用酒數量
	月	日		
1			（前缺）酒	壹甕
2	九日	九日	甘州使迎令公支酒	壹甕
3		十一日	寫匠納鋘（原文「鋘納」，兩字間有倒乙號）酒	壹角
4		十四日	支打窟人酒	半甕
5			支令狐留定酒	
6			參月貳拾日供兩頭祗門人逐日酒壹斗，至四月拾陸日夜斷，中間貳拾柒日，計用酒	肆甕參斗
7		同日	聖壽（原文「壽聖」，兩字間有倒乙號）寺祭拜酒	壹斗
8		同日	甘州使偏次酒	壹甕
9		同日	夜，衙內看甘州使酒	伍斗

續表

順序號	時間		事由	用酒數量
	月	日		
10		十七日	支甘州使酒	壹甕
11		十九日	寒食座設酒	參甕
12			支十鄉里正納毬場酒	半甕
13		廿日	城東祆神酒	壹甕
14		廿一日	支納呵梨勒胡酒	壹甕
15		廿二日	馬群人澤神酒	壹角
16			支寫匠酒	半甕
17			支設司漢並女人酒	貳斗
18		廿三日	支皺匠酒	半甕
19		廿四日	釀皮酒	肆斗伍升
20		廿六日	杜富昌酒	壹角
21			支任長使等酒	貳斗
22			支回鶻婆助葬酒	壹甕
23			去正月貳拾肆日供西州使逐日酒壹斗，至四月貳伍日夜斷，除月小盡，中間玖拾壹日，內兩日全斷，兩日斷半，計用酒	壹拾肆甕肆斗
24	五月	三日	支杜隊頭酒	壹斗
25			支納黃羊兒人酒	壹斗
26			去肆月貳拾柒供南山別力逐日酒壹斗，至伍月肆日夜斷，除月小盡，中間柒日，計用酒	壹甕壹斗
27		五日	迎南山酒	壹角
28		同日夜	支冷讌酒	壹角
29		六日	衙內面前看南山酒	壹斗
30		同日	支寫匠酒	半甕

順序號	時間		事由	用酒數量
	月	日		
31		九日	束水口神酒	壹甕
32		同日	甘州使上窟迎頓酒	半甕
33			陸日供衙前倉住南山逐日酒貳斗，至拾貳日夜斷，中間柒日，計用酒	兩甕兩斗
34			送路酒	壹甕
35			玖日供向東來南山逐日酒貳斗，至拾貳日夜斷，中間肆日，計用酒	壹甕貳斗
36		同日	城南園看南山酒	壹角
37		十三日	閻縣令舍頓酒	壹角
38			宋都衙勸孝酒	壹甕
39		十六日	支唐柱柱等酒	貳斗
40			支神館斫櫞神酒	半甕
41		十七日	城南面前看甘州使酒	壹斗
42			灌駝酒	壹角
43			支押衙王清松酒	半甕
44		十八日	支伊州史酒	壹斗
45			支孟杯玉酒	貳斗
46			支灰匠酒	壹角
47			供土門樓勾當人中間陸日供酒	半甕
48			潤曲神酒	壹甕
49		十九日	孔目官修西州文字酒	貳斗
50			拾陸日供南山逐日酒貳斗，至貳拾日夜斷，中間伍日，計用酒	壹甕肆斗
51			支延超酒	壹甕
52			支索匠酒	壹斗

續表

順序號	時間		事由	用酒數量
	月	日		
53		廿一日	南城設伊州使酒	貳斗伍升
54			設修城百姓酒	壹甕
55		廿二日	城南園設甘州使酒	壹甕
56		廿三日	支縛箔子僧兩日酒	壹斗
57			又償酒	壹斗
58			支門樓塑匠酒	壹甕
59		廿四日	支賀義延酒	壹角
60		廿五日	看甘州使酒	貳斗伍升
61			又，看伊州使酒	伍升
62		廿七日	供縛箔子僧酒	貳斗
63		廿八日	支灰匠酒	壹斗
64		同日	箭匠酒	伍升
65			澗曲神酒	伍升
66	六月		馬院神酒	伍升
67			支于闐去押衙吳成子酒	壹甕
68		同日	城南園設工匠酒	壹甕
69			支令狐留定酒	壹斗
70			索子匠酒	伍升
71			兩日縛箔子僧酒	壹斗
72			又償酒	壹斗
73		三日	支下兩僧酒	貳斗伍升
74			太子屈于闐使酒	半甕
75			釀羊皮酒	參斗伍升
76		四日	南園看南山酒	貳斗伍升

順序號	時間		事由	用酒數量
	月	日		
77			曹鎮使勸孝酒	壹甕
78			去正月廿四日供于闐葛祿逐日酒貳升至六月五日夜斷，除參個月小盡，中間壹佰貳拾玖日，計給酒	肆甕壹斗捌升
79			去三月十九日供于闐羅尚書逐日酒伍升，至陸月伍日夜斷，除兩個月小盡，中間柒拾伍日，內兩日全斷，計給酒	陸甕伍升
80			去五月貳拾捌日供修于闐文字孔目官逐日壹斗，至陸月伍日夜斷，除月小盡，中間柒日，計用酒	壹甕壹斗
81			支富昌客酒	壹甕
82		八日	支史萬成酒	壹斗
83		同日	支天子下廝兒酒	壹甕
84		九日	支甘州使酒	壹甕
85		十二日	南澤驀馬神設酒	壹甕
86		十四日	衙內設畫匠酒	兩甕
87			釀牛皮酒	壹斗
88			釀羔子皮酒	壹甕壹角
89		十六日	看甘州使酒	壹甕
90			支縫皮人酒	壹角
91		十七日	返朝等酒	壹斗
92			案司修甘州文字酒	壹角
93		廿日	支弓匠酒	貳斗
94		同日	支皺文匠酒	壹甕
95			支董富子納蘿葡酒	壹斗
96		廿一日	釀狢子皮酒	貳斗

續表

順序號	時間		事由	用酒數量
	月	日		
97			支木匠彭友子酒	壹斗
98		廿二日	使出馬圈口酒	（壹甕）
99		（同日）	（墳頭酒）	壹斗
100		廿四日	西宅用酒	壹甕

一、關於立賬年代的推斷

　　酒賬無紀年，具體日期也只用月日而不用干支。敦煌地區獨特的「具注曆日」往往都有月日干支。如果酒賬使用月日干支，年代的推斷就會容易得多，遺憾的是一樣也沒有。當然，也不是一點線索也沒有，我們推斷，立賬年代的上限為後周顯德二年（955），下限為咸平五年（1002），根據是：

　　酒賬上的騎縫章——「歸義軍節度使新鑄印」為我們提供了年代的上限。《太平寰宇記》卷一三五《沙州》記載：「周顯德二年，甘州可汗、沙州節度使觀察留後曹元忠，各遣使進方物。其外，瓜州團練使仍舊隸沙州，以歸義軍節度使觀察留後曹元忠為節度使，以知瓜州軍事曹元恭為團練使，仍各鑄印賜之，皆旌其來王之意也。」《宋史》卷四九〇《外國六・沙州傳》也記載：「義金卒，子元忠嗣。周顯德二年（955）來貢，授本軍節度，檢校太尉，同中書門下平章事，鑄印賜之。」五代、宋時期，瓜沙曹氏曾經使用過的「官印」有7種：「瓜沙州大王印」「沙州觀察處置使之印」「歸義軍之印」「沙州節度使印」「歸義軍節度使新鑄印」「瓜沙等州觀察使新印」「瓜州團練使印」。它們

的使用時間，有絕對年代的是：

時代	年號	公元	印鑑名稱	出處（僅見於敦煌遺書者）
後梁	貞明六年	920	瓜沙州大王印	羽字 24《佛說佛名經》題記
後唐	同光三年	925	沙州觀察處置使之印	P.3805 改補宋員進為節度押衙牒
後唐	長興四、五年	933、934	沙州節度使印	P.2704 曹議金四疏
後唐	清泰三年	936	歸義軍印	P.3556 曹元德轉經
後晉	天福三年	938	歸義軍印	P.3347 授張員進衙前正十將牒
後晉	開運四年	947	沙州節度使印	P.3388 曹元忠疏
後周	顯德五年	958	瓜沙等州觀察使新印	P.3379《陰保山等牒》
宋	乾德六年	968	歸義軍節度使新鑄印	S.4632 曹元忠《請賓頭盧疏》
宋	戊辰年	968	歸義軍節度使新鑄印	P.2484《群牧駝馬牛羊見行籍》
宋	開寶七年	974	歸義軍節度使新鑄印	S.5973-1 曹元忠疏（正月）
宋	開寶七年	974	歸義軍節度使新鑄印	S.5973va 曹元忠疏（二月）
宋	開寶八年	975	歸義軍節度使新鑄印	S.5973vb 曹延恭疏
宋	開寶八年	975	歸義軍節度使新鑄印	S.5973vc 曹家佈施疏
宋	雍熙二年	986	瓜沙團練使印	P.4622 曹延瑞大云寺設會疏
宋	端拱二年	989	瓜沙等州觀察使新印	P.3576 曹延祿禮佛疏

　　上列印鑑使用年代明確地顯示出：後周顯德二年（955）「鑄印賜之」的印，一是「瓜沙等州觀察使新印」，一是「歸義軍節度使新鑄印」，它們都有一個「新」字。酒賬的印鑑告訴我們，它的時間上限是955年，即後周顯德二年。

　　我們把下限放在咸平五年（1002），理由是：咸平五年，曹宗壽害死曹延祿、曹延瑞以後，瓜沙曹氏與于闐李氏的關係也就隨之而結束，與甘州的關係也不再見於史籍和敦煌遺書，而酒賬所記，有關于闐的有4筆，有關甘州回鶻的10筆，甚至有伊州、西州的「使者」，這都不是曹宗壽父子掌瓜沙以後所能出現的情況。至於具體是哪一年，也不是什麼線索都沒有。酒賬為我們提供了這一年的月建大小。

　　第6筆載：「參月貳拾日供兩頭祇門人逐日酒壹斗，至肆月拾陸日夜斷，中間貳拾柒日，計用酒肆甕參斗。」這筆賬告訴我們，本年的三月份為大月。

　　第23筆載：「去正月貳拾肆日供西州使逐日酒壹斗，至肆月貳拾伍日夜斷，除月小盡，中間玖拾壹日，內兩日全斷，兩日斷半，計用酒壹拾肆斗。」我們已知三月份為大月，那麼，從正月到四月廿五日這中間的月小盡，不是正月就是二月。

　　第26筆載：「去肆月貳拾柒日供南山別力逐日酒壹斗，至伍月肆日夜斷，除月小盡，中間柒日，計用酒壹甕壹斗。」它明確告訴我們，本年四月為小月。

　　第80筆載：「去五月貳拾捌日供修于闐文字孔目官逐日壹斗，至陸月伍夜斷，除月小盡，中間柒日，計用酒壹甕壹斗。」它又明確告訴我們，本年五月為小月。

　　第78筆載：「去正月廿四日供于闐葛祿逐日酒貳升，至六月五日夜斷，除參個月小盡，中間壹佰貳拾玖日，計給酒肆甕壹斗捌升。」此

條進一步説明：本年正月至五月，五個月中有三個小月。

至此，酒賬本身告訴我們的月建大小是：

一月、二月一大一小，三月大，四月小，五月小

為了有助於此件酒賬的研究，我們檢索了敦煌遺書中我們能夠見到的酒賬，發現 P.2629 是我們這件酒賬的繼續（以下簡稱《續卷》），兩件連接以後，原斷裂位置的一行文字一目了然：「使出馬圈口酒壹甕。同日，墳頭酒壹斗。廿四日，西宅用酒壹甕。」P.2629 保存了從六月二十五日至十月十六日共 113 筆酒賬，其中《續卷》第 78 筆是八月三十日，該月為大建，而《續卷》第 67、68 筆又為我們進一步提供了月建大小的情況：「去正月廿日，供甘州走來胡兩日酒伍升，至八月廿日夜斷，除肆月小盡，中間貳佰參日，計用酒捌甕貳斗柒升伍合。」「去三月十八日，供先報消息來回鶻兩日酒伍升。至八月廿日夜斷，除參個月小盡，中間壹佰伍拾日，計用酒陸甕壹斗伍升。」

這樣，我們把兩件酒賬連起來考慮，其月建大小是：一月、二月一大一小，三月大，四月小，五月小，六月、七月一大一小，八月大。九、十兩月由於月底無賬，無從得知。

月建大小如按五代、宋時期中原王朝的朔閏推算[1]，則顯德二年（955）以後咸平五年（1002）之前，只有乾德二年（964）與咸平三年（1000）這兩年的月建大小與酒賬相合。但是，敦煌地區的曆日，安史之亂以後，或者説吐蕃占領敦煌以後，又出現與中原不一致的情況，而且有自己的歷學專家，如翟奉達、翟文進、安彦存等。敦煌遺書中，翟奉達題名結銜的《具注曆日》就有 4 件，如按現存《具注曆日》來看，P.2623 顯德六年曆（959）正好是正月大，二月小，三月大，四

1　陳垣：《二十史朔閏表》，中華書局 1978 年版。

月小，五月小，六月大，七月小，八月大，九月大，十月小，十一月大，十二月小。也就是說這年八月以前的月建大小與酒賬基本相符，與我們現在能肯定的三、四、五、八月的月建則完全吻合。

現在的問題是，如果我們結合酒賬的內容來考慮，上述 959、964、1000 三個年代中哪個年代的可能性最大呢？

儘管顯德六年《敦煌具注曆日》的月建大小與酒賬所示相同，但是我們還是排除了酒賬立於這一年的可能性。原因是：

首先，酒賬第 1 筆是：「甘州使迎令公，支酒壹甕。」我們知道，「令公」為中書令之尊稱，尤其是隋唐以來，凡拜中書令者，人們習慣稱之為令公。在瓜沙曹氏三世之中，正史記載拜中書令的有曹議金和曹元忠二人；供養人題記和敦煌遺書中，自署「兼中書令」的有曹延恭、曹延祿二人。顯德六年（959）曹元忠還沒有拜中書令。同時，顯德二年（955）剛被後周授予「本軍節度檢校太尉同中書門下平章事」[2]，不可能很快就自署「中書令」，S.2974 還可以證明，建隆二年（961）曹元忠仍自稱「同中書門下平章事」。

其次，顯德六年（959）前一年和後一年，也就是 958 年和 960 年，正史也好，敦煌遺書也好，沒有于闐、西州、甘州與中原王朝或瓜沙曹氏來往的記載。這樣，從酒賬內容來看，此件不應是顯德六年之物。

因此，我們認為，酒賬立於乾德二年（964）的可能性最大。

先說說為什麼我們不採用現成的敦煌曆而採用中原曆。我們曾期望，根據酒賬提供的月建大小來解決具體年代，於是通過顯微膠卷檢

2　《宋史》卷四九〇《外國‧沙州》。《太平寰宇記》卷一五六則只說以元忠為歸義軍節度使」。

索了敦煌遺書中我們所能見到的曆日殘卷，並且推算了其中的絕大部分（殘存較長者），沒有發現乾德二年（964）曆，也再沒有月建大小與酒賬相符者，而且建隆、乾德之間沒有發現使用敦煌曆。為什麼會出現這種情況呢？據史書記載，建隆、乾德年間，于闐、西州回鶻、甘州回鶻、瓜沙曹氏，幾乎年年有「使者」往來於宋，傳遞方便。同時，歷來中原王朝好用曆日賜邊疆重臣或地方政權[3]。宋王朝也是如此。手頭雖沒有直接材料足證瓜沙受賜曆日，但可以作為間接引證者則有：建隆三年（962）十一月，「賜南唐建隆四年曆」[4]；大中祥符八年（1015）甘州回鶻「謝恩賜寶鈿、銀匣、曆日及安撫詔書」[5]。退一步來說，宋王朝不賜，地方上也可以「請」，敦煌出現「王文坦請司天台官本勘定大本曆日」就是最好的證明（S.0612）。另一方面，我們考慮，也可能是敦煌的歷學家翟奉達此時已經去世[6]，其「子弟」翟文進未能獨立勝任編撰重職[7]。

　　再說酒賬立於乾德二年（964）的可能性。除了上面已經提到的月建大小吻合之外，從內容來說，有如下幾點符合歷史：建隆二年（962）正月，宋朝「加曹元忠為中書令，元忠子延敬為瓜州防禦使，賜名延

3　王重民：《敦煌本曆日之研究》，《東方雜誌》第 34 卷第 9 號。

4　《宋史·太祖紀》。

5　《宋史》卷四九〇《外國·回鶻》。

6　向達《記敦煌石室出晉天福十年寫本壽昌縣地境》一文考證，「天復二年（902）奉達年二十……顯德六年（959）已七十七」。轉引自《唐代長安與西域文明》，生活·讀書.新知三聯書店 1957 年版，第 439 頁。

7　S.0095《顯德三年具注曆日》尾題「寫勘校子弟翟文進書"，可見翟奉達的後代此時已跟隨奉達工作。又，「子弟」2 字，向達先生誤為「弟子」。後來劉銘恕先生編《敦煌遺書總目索引》，雖已改正，但仍未引起學者們注意。

恭」[8]。酒賬記「甘州使迎令公」的「令公」就是指曹元忠。

　　從于闐、西州到內地，五代、宋時期有三次使節往來的記錄：一次是後晉天福三年（938）石敬瑭派張匡鄴使于闐，「自靈州（今寧夏靈武縣）行二歲至于闐，至七年（942）冬乃還」[9]。

　　一次是太平興國六年（981），宋朝派王延德等使高昌，「自六年五月離京師，七年四月至高昌」[10]。

　　一次是大中祥符二年（1009），于闐使者到開封，宋真宗問他「在路幾時，去此幾里？」他說：「涉道一年，晝行暮息，不知裡數。」[11]

　　在這三次當中，除王延德使高昌外，其餘兩次都路過敦煌，從而可以看出：每次使節往來，至少需一年。有了這一概念以後，我們就會發現，酒賬所載的西州使、于闐使等，如果他們要前往中原，應該是乾德三年（965）到達。與史書對照，果然如此：酒賬第 23 筆記載，西州使自正月廿四日留住敦煌起，每日供給酒壹斗，到四月廿五日止。如果他們往開封進發，應該是乾德三年到達。《宋史·高昌國傳》載：乾德三年十一月，西州回鶻可汗遣僧法淵獻佛牙、琉璃器、琥珀盞。《宋史·太祖記》載乾德三年「十一月丙子，甘州回鶻可汗遣僧獻佛牙、寶器。」此條記載有兩個可能：要麼把西州回鶻誤記成甘州回鶻；要麼西州使到達甘州又停留了一段時間，然後與甘州僧結伴前往中原。我們認為後一種可能性較大。因為入宋以後，史書記載已不像以前統稱「回鶻」，而把西州回鶻與甘州回鶻分得十分清楚了。

8　《續資治通鑑長編》卷三。《宋史》卷四九〇為「加兼中書令」，多一「兼」字。莫高窟供養人題記都作「兼中書令」。

9　《新五代史·四夷附錄三》。

10　《宋史》卷四九〇《外國六·高昌國》。

11　《宋史》卷四九〇《外國六·于闐》。

　　酒賬第 79 筆說明于闐羅尚書三月十九日到達敦煌，六月六日離去，《續卷》第 6 筆說明七月初一又來了于闐使；《續卷》第 69 筆載甘州使三月廿五日到達敦煌，八月廿一日離去；《續卷》第 70 筆載，八月廿一日曹氏派人「看甘州使及于闐使」，此後便無甘州使的記載。《宋史.太祖紀》載乾德三年（965）「十二月丁酉朔……戊午（廿二日）甘州回鶻可汗、于闐國王等遣使來朝，進馬千匹，橐駝五百頭，玉五百團、琥珀五百斤」。趕著這麼多的牲口從大西北前往開封，不要說 1000 多年以前，就是今天也很不容易，難怪當年花了一年零四個月。

　　《續卷》第 42 筆載七月廿六日，「衙內看甘州使及于闐使僧酒壹角」。《宋史.于闐傳》恰好記載乾德三年（965）「五月，于闐僧善名、善法來朝，賜紫衣。其國宰相因善名等來，致書樞密使李崇矩，求通中國。太祖令崇矩以書及器幣報之」。

　　五代、宋時期，敦煌供養人題記中，至今沒有發現伊州與敦煌的關係，然而酒賬與酒賬《續卷》上倒有 7 筆，酒賬上的時間是五月，《續卷》的時間是十月。看來是不同的兩批「使者」。《宋史・太祖紀》載乾德三年：「夏四月乙巳，回鶻遣使獻方物。」前面說過，入宋以後，甘州、西州、龜茲、合羅川、秦州都是分別入宋史的，單單稱「回鶻」的，是否應指伊州；若此推測可以成立，那麼酒賬所載五月份路過敦煌的「伊州使」就是上引乾德三年四月「回鶻遣使獻方物」的回鶻。

　　酒賬及《續卷》都有關於「太子」的記載，共 4 筆。這裡的「太子」，係指于闐太子。因為，曹家雖稱「王」於敦煌，但始終沒有拋棄

中原臣子的觀念，沒有得意忘形到讓兒子稱太子的地步[12]，回鶻可汗的兒子是否稱太子，未有所聞。于闐太子來敦煌倒有實例，P.3184尾題：「甲子年八月七日于闐太子三人來到佛堂，將《法華經》第四卷。」此甲子，正好是酒賬立賬年代——乾德二年（964）。因為往上推一甲子，為唐天復四年（904），儘管于闐李氏王朝此時大約已經建立[13]，但和敦煌還沒有什麼親密關係；往下推一甲子，為宋天聖二年（1024），伯希和劫經中根本沒有此時的卷子。如果我們把酒賬、莫高窟供養人題記、正史聯繫起來看，正好是：乾德二年六月于闐太子來到了敦煌，八月七日三人到佛堂禮佛，其後，太子從連、琮原可能是繼續留在敦煌，因而有在莫高窟第444窟題壁之舉[14]，太子德從則前往中原[15]。

我們排除咸平三年（1000）的可能性，其理由是：

宋開寶四年（971）以後，于闐同哈拉汗王朝之間發生了長達24年的戰爭，直到咸平四年（1001）于闐為喀剌汗朝的喀的爾汗·玉素甫所攻占[16]，這期間于闐與宋王朝、瓜沙曹氏來往已絕。

太平興國六年（981）以後，敦煌也是很不安寧[17]，宋朝派王延德

---

12 姜亮夫《瓜沙曹氏年表補正》一文，曾引用日本橘瑞超《將來目錄·佛說延壽命經》的卷末題記：「唯大周廣頂（順）三年歲當癸丑正月廿三日，府主太保及夫人為亡男太子早別王宮，棄辭火宅，遂寫《延壽命經》43卷，以濟福力，願超覺路，永充供養。」我們未見原件照片，未敢貿然肯定。

13 新疆社會科學院歷史研究所編著：《新疆簡史》，新疆人民出版社1980年版。

14 莫高窟第444窟東壁《見寶塔品》的寶塔兩側有他們的題名，南側題：「南無釋迦牟尼佛說《妙法蓮華經》，大寶于闐國皇太子從連供養。」北側題：「南無多寶佛為聽法故來此法會，大寶于闐國皇太子琮原供養。」

15 《宋史·太祖紀》：乾德四年（966）「二月，丙辰，于闐國王遣其子德從來獻」。《宋史·于闐傳》同。

16 新疆社會科學院歷史研究所編著：《新疆簡史》，新疆人民出版社1980年版，第162頁。

17 P.3412安再勝等牒。

使高昌也好，高昌派「謝恩使百餘人」入宋也好，都沒有路過敦煌，說明此時「道路嘗有事剽掠」[18]。正是在失去東西兩方面支持的情況下，咸平五年（1002）曹宗壽殺曹延祿之變才能得逞。所以，咸平三年（1000）時的敦煌，根本不可能有酒賬所示四方輻輳的景象。

二、甕、角、斗、升、合

酒賬和《續卷》為我們提供了歷代律曆志和禮樂志中很難見到的容量計量單位甕、角、斗、升、合。更為難得的是，由於酒賬共有 213 筆賬目，使我們從中得出這些計量單位的進位。由於比較特殊，不能按容量大小的次序加以說明，而是必須把「角」放在最後。現分述如下：

一甕等於六斗。逢六進一的計量，實在是比較特殊，酒賬中可以隨處折算而得，如第 6、23、26、33、35、50、79 筆等，無不得出 1 甕＝6 斗的結論。茲引第 6 筆為證：「參月貳拾日供兩頭祗門人逐日酒壹斗，至肆月拾陸日夜斷，中間貳拾柒日，計用酒肆甕參斗。」每日 1 斗，27 日就是 27 斗，6 斗為 1 甕，正是「肆甕參斗」。

1 斗等於 10 升。酒賬第 78 筆載：「去正月廿四日供于闐葛祿逐日酒貳升，至六月五日夜斷，除參個月小盡，中間壹佰貳拾玖日，計給酒肆甕壹斗捌升。」第 79 筆載：「去三月十九日供于闐羅尚書逐日酒伍升，至六月五日夜斷，除兩個月小盡，中間柒拾伍日，內兩日全斷，計給酒陸甕伍升。」計算無誤，每斗 10 升。

1 升等於 10 合。《續卷》第 67 筆載：「去正月廿四供甘州走來胡兩

18　直到 1009 年才是：「今自瓜沙抵于闐，行旅如流。」（《宋史・于闐傳》）

日酒伍升，至八月廿日夜斷，除四個月小盡，中間貳佰參日，計用酒捌甕貳斗柒升伍合。」兩天給 5 升，1 天是兩升半，算下來應該是 8 甕 2 斗 7 升半。《續卷》記半升為「伍合」，可見，1 升＝10 合。

　　1 角等於 15 升，這也是比較特殊的計量單位。酒賬第 3、15、20、27、28、36、42、46、59、89、91 筆都是「酒壹角」，這「壹角」到底是多少？不得而知。後來，在《續卷》裡得到了答案。《續卷》第118筆載：「六日，供南山逐日酒壹角，至捌日夜斷，中間參日，計給酒肆斗伍升。」每天 1 角，3 天共 3 角，3 角就是「肆斗伍升」，當然是 1 角等於 15 升了。

三、迎、設、看、供、支

　　酒賬的登載反映了支付的性質。通觀全部賬目，可以肯定，所有項目都是由節度衙門報銷的「公用」酒。但是，立賬嚴格，條目清楚，從而反映了此時節度衙門的各個環節都在有效地執行著某種制度。同時，酒賬也反映出當時歸義軍衙門在迎來送往的禮制。其大概情況是：使節來到敦煌，先設酒接風，謂之「迎」；緊接著設宴洗塵，謂之「設」[19]；如果住的時間比較長，就經常去問候，謂之「看」，如甘州使這年從三月廿五日到八月廿一日停留敦煌將近五個月，節度使派人去「看」了 6 次；臨走前要送行，或曰「看」或曰「設」，可能是「設」比「看」隆重一些。除了這些禮節性的應酬，使節住留期間，每日喝酒，謂之「供」；如有其他事情需用酒，則謂之「支」。

19　週一良先生有關「設」的考證（《敦煌寫本書儀考》）與此件的「設」似有區別。此件除對使節外，還對工匠。此處只對使節而言。

四、從酒賬看敦煌的社會生活

從字面上看，酒賬無頌辭，只是某月日因何事用酒若干而已。但是，如果仔細歸納分析一下就會發現，這平淡無華的賬單，實實在在地反映出敦煌當時的政治、經濟、文化面貌。

酒賬和《續卷》共 213 筆，其中關於甘州、伊州、西州、于闐的就有 34 筆，説明瓜沙此時是西北各地的紐帶，綰聯著四面八方，正像《修常定樓記》中所説：「六番之結好如流，四塞之通歡似雨。」[20] 常定樓就是為瞭解決「每遇月初旦朔，寮佐趨參，燕會高賓，廳館阻僻」而修建的。為了內政外交的需要，屬於後勤方面的衙署有宴設司、柴場司，做酒的有酒行、酒戶。酒賬上所記的「迎」「設」「看」「供」用酒，都需通過柴場司、宴設司設宴才能了事。酒賬中關於軍事方面的內容沒有直接反映，但有間接材料可尋。第 11 筆載：「十九日寒食座設酒參甕。」第 12 筆載：「支十鄉裡正納球場酒半甕。」這裡的「寒食座設」用酒「參甕」，絕不是用於拜掃出祭，而是設宴招待了帶兵的官員。俄藏 2905《戊午年四月廿五日寒食座設付酒曆》是兵馬使若干人在寒食節領酒的記錄，可以作為我們上述論點的佐證，所不同的是，兵馬使領走的酒，可能是給士兵們喝的，因為宋代例給邊兵每歲寒食、端午、冬至有「特支」[21]。另外，「十鄉里正納毬場」的「納毬場」

---

20 P.2481《修常定樓記》，據我們考證，應是 964 年稍後的作品。因為：1.《記》中的「河西歸義軍節度瓜沙等州押番落等使檢校太傅令公兼御史大夫上柱國曹」，據《宋會要‧番夷志‧瓜沙二州》所載，此人是曹元忠。2.其他結銜在曹氏三世當中很難分別，唯有這「上柱國」只有曹元忠稱之。3.《記》中有「乃命巧匠締構新樓，邀魯國之名賢，請丹青之上客」「雕暗牖以疏風」「鏤飛廉而障日」「諸功已罷，彩繪復終」之句，而酒賬有「門樓塑匠」「門樓上畫匠及勾當人」「樓上祭拜」「樓上鎮壓」「設畫匠」等，説明這時常定樓正在彩繪中。

21 《宋史‧兵志八》。

3 字，令人費解。但是「毬場」2 字告訴我們，寒食節期間，百姓「踏歌」[22]，軍人「蹴球」，敦煌非常熱鬧。

　　在瓜沙曹氏的政治生活中，宗教迷信活動氾濫。佛教自不必說，一批大型洞窟在莫高窟出現就是最好的證明。除此之外，從敦煌遺書來看，是神都信，是鬼都敬，僅酒賬和續卷就有：「城東祆神酒」「馬群入澤神酒」「束水口神酒」「神館斫橡神酒」「潤曲神酒」「馬院神酒」「騫馬神設酒」「捉鷹人神酒」「神酒」「馬圈發願酒」「羊圈發願酒」「祭拜酒」「祭尊酒」等，看來，他們事事求神安鬼。還有一種活動叫「賽神」，動輒用酒。宗教之外，在倫理道德上，還有什麼「助葬」「勸孝」，也是動輒用酒。

　　酒賬反映了敦煌當時的經濟狀況的某些側面：

　　用酒量之大，説明敦煌糧食豐足。酒賬只是敦煌社會用酒的一部分，僅就這一部分，從四月九日至十月十五日，不到半年的時間共用酒 13585.5 升，其釀酒用糧之多，雖無明賬，可想而知。

　　為了釀酒以應社會需要，歸義軍衙門下面還有專管酒戶、酒行的人。酒戶從公家領料釀酒，除按規定上交酒以外，盈餘部分自己可以出賣。公家也可以直接到酒戶取酒，登賬上報，批准後報銷，S.5571、5590《酒戶鄧留定牒》就是這樣一種社會經濟文書。管理人憑條批覆，謂之「判憑」。鈐有歸義軍節度使新鑄印的酒賬，我們估計就是依據各種判憑登錄的分類賬。

　　設各種專戶來提供食物以滿足歸義軍衙門的生活需要，是瓜沙曹氏獨創的一種剝削手段。酒戶納酒、蔥戶納蔥、苽（瓜）戶納瓜、獵戶納獵物，可能什麼都要交納。酒賬上就有「納黃羊兒人酒」「董富子

22　S.4705 就有「寒食踏歌」的記載。

納蘿蔔酒」「索僧正納梨酒」「蔥戶納蔥酒」。循此例，對外國商人可能徵收實物稅，如酒賬第14筆載：「支納呵梨勒胡酒壹甕。」「呵梨勒」又寫成「訶黎勒」，出產於波斯，果實可以入藥[23]。酒賬作「納呵黎勒胡」，正好說明交納者為「胡人」，而這一胡人可能就是波斯商人。

歸義軍衙門下面設有畫院，學者早有所論。酒賬告訴我們，不僅如此，它還管理著各種工匠，如打窟人、寫匠、皺文匠、灰匠、鎖匠、箭匠、皮匠、弓匠、木匠、泥匠、石匠、褐袋匠。從手工業生產來看，昔日敦煌樣樣俱全。

酒賬還有「孔目官修西州文字」「修于闐文字孔目官」「案司修甘州文字」「修甘州文字孔目官」「案司修西州文字」等用酒若干的記載，說明歸義軍衙署還有通曉各種民族文字的專家。敦煌是當時的西北文化中心，我們完全有理由推測，于闐、西州、伊州、甘州向中原的「進表」就出自敦煌各孔目官之手。請看，酒賬第79筆「去三月十九日供于闐羅尚書逐日酒伍升，至六月五日夜斷……」，第80筆「去五月二十八日供修于闐文字孔目官逐日（酒）壹斗，至六月五日夜斷……」，《續卷》第169—171筆「去三月廿五日供甘州使逐日酒半甕，至八月廿日夜斷……」，「廿一日看甘州使及于闐使酒半甕」，「供修甘州文字孔目官中間陸日給酒肆斗」。這絕不是巧合，而是使節離開前必須修好文字。

23　《周書》《隋書》等都有記載。《太平廣記》卷四一四《草木類》：「高仙芝伐大食，得訶梨勒，長五六寸。初置抹肚中，便覺腹痛，因快痢十餘行。初謂訶梨勒為祟，因欲棄之。以問大食長老，長老云：『此物人帶，一切痛消，病者出惡物耳。』仙芝甚寶惜之。天寶末被誅，遂失所在。」可見訶梨勒的藥效甚好。然而，勞費爾著《中國伊朗編》又引一些材料證明是酒的一種。

五、幾個問題

關於「南山」。

酒賬及《續卷》都有「南山」的記載，共14筆：

（五月）去四月廿七供南山別力逐日酒壹斗

五日，迎南山酒壹角

六日，衙內面前看南山酒壹斗

六日，供衙前倉住南山逐日酒二斗

九日，供向東來南山逐日酒二斗

同日，城南園看南山酒壹角

十六日，供南山逐日酒二斗

（六月）四日，南園看南山酒二斗五升

（七月）五日，迎南山酒五升

六日，衙內看南山酒壹斗

六日，供南山逐日酒壹角

（九月）七日，城南看南山酒壹斗

（十月）二日，東園看于闐使及南山酒壹斗

十一日，看南山酒壹斗。

「南山」一詞，開始我們很費解，是地名呢，還是山名？除了「衙前倉住南山」這一條以外，其餘都不像，而且明明記的是「衙內看南山」「城南看南山」「東園看于闐使及南山」「迎南山」，肯定是人，而不是別的。那麼，是人名，他又是什麼樣的顯要人物，值得歸義軍衙門又是「迎」又是「看」又是「供」呢？從酒賬行文來看，「南山」又不是具體的人名。因為凡是需要以禮待之者，是什麼什麼「使」；凡本衙管下之官員，都帶職稱，如「十鄉里正」「任長使（史）」「杜隊頭」

「閻縣令」「宋都衙」「押衙王清松」「曹鎮使」等，而且他們不需要迎
送拜訪。後來我們從寫本中得到了一點消息。

P.3257 有《開運二年（945）寡婦阿龍牒》一件，其中提到「南山
部族」。又 S.4445 有何願德往南山做買賣而借貸的記載。可見，南山既
是部族名稱又是地點名稱，而酒賬所謂「南山」應是「南山部族」的
使者。酒賬名義上不以使者稱之，而實際上又以使者的禮遇來對待，
這樣一種微妙的關係，我們似乎可以認為：此時「南山部族」的勢力
已經強大，且常常與歸義軍衙門打交道；歸義軍衙門對「南山部族」
派來的人雖待以上賓，但不承認是和西州、于闐、伊州、甘州並列的
一級政權。我們估計，這種觀念，是和「南山部族」的歷史淵源分不
開的。

從古到今，人們都把祁連山叫作南山。具體地說，今天的肅北蒙
古族自治縣以東，石包城、昌馬以南，叫野馬南山；今天阿克塞哈薩
克族自治縣當金山口以東，沿甘青交界，叫黨河南山；由此向東還有
疏勒南山、托來南山、走廊南山、青海南山。酒賬所稱之南山，估計
就是居住在現在稱為黨河南山的地方，有「向東來南山」這一筆可以
為證。黨河南山雖在敦煌的西南，但直到今天仍習慣稱它為西面。唐
安史之亂以後，占有南山，據《新唐書》卷二一六記載，建中初年，
吐蕃攻敦煌，「始，沙州刺史周鼎為唐固守，贊普徙帳南山，使尚綺心
兒攻之」。由此可見，南山曾一度為吐蕃的大本營。入宋以後，此地為
黃頭回紇和草頭韃靼所占，但出現史書記載較晚[24]。曹元忠時代的南
山，理應為吐蕃族人。其具體情況如何，是值得今後研究的。

24　《宋史》卷四九〇《于闐傳》：「神宗（1068—1085）嘗問其使去國歲月，所經何國
　　及有無鈔略。」對曰：「去國四年，道途居其半，歷黃頭回紇、青唐，唯懼契丹鈔略
　　耳。」

關於「衙內」。

酒賬及《續卷》中有關「衙內」的記載有 11 筆。自唐末至宋，衙內為藩鎮親衛之官，多以子弟擔任，世俗相沿，習慣上把貴家子弟稱為「衙內」。在瓜沙曹氏當中，被授予衙內的有曹延瑞和曹賢順二人。《宋史》卷四九〇《沙州傳》載：太平興國五年（980）「元忠卒，子延祿遣人來貢，贈元忠敦煌郡王，授延祿本軍節度，弟延晟為瓜州刺史，延瑞為衙內都虞侯」。咸平五年（1002）「延祿、延瑞為從子宗壽所害，宗壽權知留後，而以其弟宗允權知瓜州，表以旌節。乃授宗壽節度使，宗允檢校尚書左僕射知瓜州，宗壽子賢順為衙內都指揮使」。我們認為，酒賬上的「衙內」乃世俗呼貴家子弟為衙內的「衙內」，即便是衙內指揮使也是自署的，具體說也就是曹延祿。因為我們既定酒賬立於乾德二年（964），也就排斥了曹延瑞和曹賢順的可能性；955 年授元忠節度使及 962 年加中書令時，都提到了曹延恭，曹延恭此時已被正式授予瓜州防禦使之職，如若是他，決不會再稱衙內的。曹延祿尚且沒有授官，曹延瑞、曹延晟可能年歲太小，更是掛不上號。因此，此衙內舍曹延祿莫屬。純屬推斷，於此作為問題提出，以就教於專家、學者。

關於「寒食座設」。

按酒賬所載，這年的寒食在四月十九日；俄藏 2905《戊午年四月廿五日寒食座設付酒曆》也明確記載是在四月廿五日。這也是令人費解的難題。有史以來，凡記載寒食節，都在清明前一天或兩天，冬至

後 105 天[25]，而清明節絕對不會在四月份。是否敦煌曆日特殊？前面已經論及，敦煌曆與中原曆朔日干支只差一二天。至於節氣，敦煌曆沒有大的差別，也是「立春正月節，雨水正月中……」，敦煌遺書中也有與傳統一致的寒食節的記載。如 S.0381-3「大番歲次辛巳（貞元十七年，即 801 年）閏二月十五日，因寒食在城官寮百姓就龍興寺設樂……」，是不是「寒食設座」不等於寒食節，不得而知，只有存疑。

由於我們知識淺薄，酒賬還不能完全讀懂，好在此次已將原件拍照發表，巴黎藏 P.2629 卷子國內也已經有了縮微膠卷，相信它們會得到敦煌學研究者的重視。

附：P.2629《歸義軍衙府酒賬》（《續卷》）

順序號	月	日	事由	用酒數量
98		（廿二日）	（使出馬圈口酒）	壹甕
99		同日	墳頭酒	（壹斗）
100		廿四日	西宅用酒	壹甕
101		廿五日	供兩頭社人酒	壹斗
102		廿六日	衙內看甘州使酒	參斗伍升
103		廿日	供門樓上畫匠及勾當人逐日酒壹斗，至貳拾陸日夜斷，中間柒日計用酒	壹甕壹斗
104		同日	畫匠酒	壹甕

---

25 《歲華紀麗》卷一《寒食》：「禁火之辰，游春之月，寒食是仲春之末，清明當三月之初。禁其煙，周之舊制，不斷火，魏之新規。桐始開花，榆方出火，二三之月，百五之辰，魏武之令，周舉之書，一月寒食，三日斷火，畫鴨、斗雞、蹴鞠、鞦韆……」作者韓鄂是唐代人。他把寒食節的時間、歷史、風俗都説得清清楚楚了。

續表

順序號	月	日	事由	用酒數量
105		廿八日	衙內看（下約缺4字）	壹斗
106	七月	一日	太子迎于闐使酒	壹甕
107		二日	太子隨（下約缺5字）	甕
108			西門結淨酒	壹斗
109		三日	城西莊刈麥酒	壹甕
110			面（下約缺3字）闐使酒	壹斗
111		四日	支太子莊麥酒	壹甕
112		五日	迎南山酒	伍升
113			下樽酒	伍升
114		六日	衙內看南山酒	壹斗
115		同日	安宅官家頓酒	半甕
116		八日	通定郡賽神酒	貳斗
117			支張延延酒	壹斗
118		六日	供南山逐日酒壹角，至捌日夜斷，中間參日計給酒	肆斗伍升
119			送路酒	肆斗
120		十日	城東祆賽神酒	兩甕
121		十日	支康德友酒	壹斗
122			支校花樹僧酒	壹角
123		六日	供造花樹僧逐日酒壹斗，至十日夜斷，中間伍日計給酒	伍斗
124		十一日	支木匠泥匠酒	貳斗
125		十二日	南沙刈麥酒	壹甕
126		十三日	釀鞁皮酒	貳斗
127		十四日	支荊幸昌酒	貳斗
128			支把道人酒	貳斗

順序號	月	日	事由	用酒數量
129		十五日	樓上祭拜酒	壹角
130			北宅酒	壹斗
131		十六日	支懸泉家酒	壹角
132		十八日	甘州使偏次酒	壹甕
133		廿日	官圈刈麥酒	壹甕
134			千渠射羝羊酒	半甕
135			行官酒	壹斗
136			莊客酒	貳斗
137		廿一日	通定群酒	貳斗
138		廿一日	衙內看于闐使酒	壹甕
139			支打狼人酒	壹角
140		廿二日	支皺文匠酒	壹斗
141		廿四	百尺上祭拜酒	壹斗
142		廿六日	衙內看甘州使及于闐使僧酒	壹角
143			支索僧正納梨酒	壹角
144		廿七日	樓上鎮厭酒	壹甕
145	八月	一日	蘇丑兒酒	伍升
146		同日	神酒	伍升
147			支黑頭窟上網鷹酒	壹斗
148			看于闐使酒	壹甕
149		二日	夜羊圈發願酒	壹角
150		三日	賽神酒	半甕
151			又馬院發願酒	壹斗
152			賽神酒	伍斗
153		四日	支翟速不丹酒	壹甕

續表

順序號	月	日	事由	用酒數量
154		五日	城南莊看夫人酒	壹甕
155			支遠田刈黃麻酒	壹甕
156		九日	衙內設甘州使酒	壹甕
157			劉保通妻助葬酒	壹甕
158		十二日	釀手衣韉皮酒	伍升
159			支把道人酒	壹斗
160		十四日	支通達酒	壹斗
161			支遠田納麥東家酒	壹斗
162		十六日	窟上酒	壹甕
163			達家壘舍酒	壹甕
164		十七日	支寫匠酒	半甕
165			支永受酒	壹甕
166		廿一日	祭奠酒	壹甕
167			去正月廿四日供甘州走來胡兩日酒伍升，至八月廿日夜斷，除肆個月小盡，中間貳佰參日計用酒	捌甕貳斗柒升伍合
168			去三月十八日供先報消息來回鶻兩日酒伍斗，至捌月廿日夜斷，除參個月小盡，中間壹佰伍拾日計用酒	陸甕壹斗伍升
169			去參月廿五日供甘州使逐日酒半甕，至八月廿日夜斷，除參個月小盡，中間壹佰肆拾參日內肆日全斷參日斷半，計用酒	陸拾捌甕肆斗伍升
170		廿二日	看甘州使及于闐使酒	半甕
171			供修甘州文字孔目官，中間陸日給酒	肆斗

順序號	月	日	事由	用酒數量
172			支李住兒酒	半甕
173		廿六日	使出澗曲壁頭酒	壹甕
174		廿九日	支牧子酒	壹斗
175			支捉鷹神酒	壹斗
176			貳拾肆日供石匠逐日酒伍升，至貳拾柒日夜斷，中間肆日給酒	貳斗
177			貳拾肆日供造趙輪木匠逐日酒壹斗，至貳拾玖日夜斷，中間陸日給酒	壹甕
178		卅日	捉鷹人神酒	壹角
179	九月	一日	馬院神酒	伍升
180			支蔥戶史骨子等酒	壹甕
181		二日	支趙員子酒	伍升
182		七日	使出胡●子上酒	半甕
183			城南看南山酒	壹斗
184			案司修西川文字酒	壹斗
185		十四日	支安富盈酒	壹角
186			灌駝酒	壹角
187			窟上調灰泥酒	兩甕
188		十六日	支都頭氾善恩家人助酒	壹甕
189		十七日	支平慶達等酒	壹角
190		十八日	支褐袋匠酒	伍斗
191			支平慶達等捉鷹回來酒	壹甕
192			押衙曹富德家人事酒	壹甕
193		廿日	氾郎起舍人助酒	壹甕
194		廿四日	達家小娘子發巴酒	伍升

續表

順序號	月	日	事由	用酒數量
195	十月	二日	支清漢等網鷹酒	壹斗
196			東園看于闐使及南山酒	壹斗
197		四日	支寫匠酒	壹甕
198			支閤都頭酒	壹角
199		八日	迎伊州使酒	貳斗
200			下樽酒	貳斗
201		九日	比料帖下供伊州使酒	貳斗
202		十日	衙內看于闐使酒	壹斗
203			看南山酒	壹斗
204		同日	設伊州使酒	壹甕
205			支馬保等人棗酒	壹甕
206			支蔥戶納蔥酒	壹甕
207		十二日	千渠送達家娘子酒	壹甕
208		拾壹日	供兩頭衹門人逐日酒壹斗，至十三日夜斷，中間參日計用酒	參斗
209		十四日	衙內看使客酒	壹斗
210		同日	設伊州使酒	貳斗
211			馬院祭拜酒	伍升
212			送狗酒	伍升
213			支田像奴等酒	壹角
214		十六日	釀（後缺）	

（原載《敦煌研究》1983 年創刊號，這次收入本文集時，
請邰惠莉錄出 P.2629 作為附錄）

敦煌曆日研究

　　推算完曆日殘卷之後，很長一段時間，我不敢發表，因為沒見過同類的研究文章，總沒有自信。1983 年 3 月，北京大學的張廣達先生給我寄來了日本藤枝晃教授的《敦煌曆日譜》一文，我又從資料室找到了日本藪內清的《斯坦因敦煌文獻中的曆書》一文，這才知道，我和他們竟是殊途同歸！看了他們的文章，堅定了我撰寫此文的決心：首先，我的推算是正確的；其次，我的推算方法，有與他們相同的地方，有不同的地方；第三，兩位先生的推算，都有錯誤之處；第四，藤枝晃先生蒐集得雖然比較齊全，但還是有遺漏的。單就補藤枝晃先生的缺漏來說，也得把它寫出來。凡屬上述二位先生做過大量工作的，我只作覆核，並加補充說明。總之，他們說過的我從略，他們未說的我備詳。另外，藤枝晃先生把敦煌遺書中凡他所見的曆日和干支紀年、干支紀日全都蒐集編排成文，我只考證敦煌曆日殘卷。

一、敦煌曆日的內容

敦煌曆日的內容，綜合歸納起來，有這麼幾項：

1. 標題和尾題

完好者有：

P.2765，題：「甲寅年曆日。」

P.4983，尾題：「王文君書。」

P.4996+3476，尾題：「呂定德寫，忠賢校了。」

P.3555v，題：「貞明八年（922）歲次壬午具注曆日一卷並序。節度押□□□□□」。

S.2404，題：「□□□□□□衙守隨軍參謀翟奉達撰上，干木支金納音水，凡三百五十四日。」

P.3247，題：「大唐同光四年（926）具歷一卷，干火支土納音土，凡三百八十四，並序。隨軍參謀翟奉達。」

S.0095，首題：「顯德三年（956）丙辰歲具注曆日並序，干火支土納音土，凡三百五十四日。登仕郎守州學博士翟奉達撰上。」尾題：「右件人神所在不可針灸出血，寫勘校子弟翟文進書。」

P.2623，題：「顯德六年（959）己未歲具注曆日並序，乾土支土納音火，凡三百五十四日。朝議郎檢校尚書工部員外行沙州經學博士兼殿中侍御史賜紫緋魚袋翟奉達撰。」

S.6886v，首題：「太平興國六年（981）辛巳歲具注曆日並序，干金支火納音金，凡三百五十四日。」尾題：「□□□□□干生阿師子。」

S.1473，題：「太平興國七年（982）壬午歲具注曆日並序，干水支火納音木，凡三百八十四日。押衙知節度參謀銀青光祿大夫檢校國子

祭酒翟文進撰。」

　　P.3403，題：「雍熙三年（986）丙戌歲具注曆日並序，干火支土納音土，凡三百五十四日。押衙知節度參謀銀青光祿大夫檢校國子祭酒兼監察御史安彥存纂。」

　　P.2705，尾題：「右件人神所在之處不可針灸出血，日遊在內，產婦不宜屋內安產帳及掃舍，皆凶。勘了，劉成子。」

　　P.3507，首題：「淳化四年（993）癸巳歲具注曆日，干水支火納音水。」

　　2.序

　　保存序言的有 P.2765、P.3555、S.2404、S.0095，P.2623、S.1473、P.3403，共7件，而年代最早的是 P.2765《甲寅年曆日》。此序很特別，迻錄如下：

　　夫為曆者，自故（古？）常⼼視（？）諸州班（頒？）下行用，克定四時，並有八節。若論種蒔約□行用，修造亦然，恐犯神祇，一一審自詳察，看五姓行下。沙州水總一流，不同□□，唯須各各相勸，早農即得善熟，不怕霜冷，免有失所，即得豐熟，百姓安寧。

　　序言部分內容最多的，首推 S.1473 太平興國七年（982）曆，計有：

　　1. 概念。這是所有序言都大同小異的程式性的文章。上述P.2765 無此內容。

　　2. 太歲及諸神將之所在，犯之凶，避之吉。

　　3. 太歲、將軍同遊日。

　　4. 土公游日，所謂「太歲土公等所游不在之日修營無妨」。

5. 九方色，即九宮，日本藤枝晃、藪內清稱之為「九星配置」。

6. 三白詩。

7. 推七曜直日吉凶法。

8. 推雜忌日法。

9. 推「建、除」日忌法。

10. 推十二支日忌法。

11. 推五姓利年月法。

此外，S.2404 還有「葛仙公禮北斗法」併圖，「申生人猴相本命元神圖」，是現存敦煌曆中唯一的圖文並茂的序。

3. 曆日

這是曆日的主要內容。最完整的曆日有這樣一些項目：

1. 月序，如「正月大建丙寅」。

2. 九方色，即「月起 x 宮」。

3. 上月已過的節氣，如「自正月十九日驚蟄已得二月之節」。這一項，標準本才有。

4. 天道行向。這是固定的公式，年年如此。

5. 本月神將所在之位。這也是固定的公式。

6. 吉時。

7. 日出、日入的時辰。

以上全是「月序」下面的內容，而且在九方色之下就用雙行小字夾注。至於日期下面的內容，則有：

$$\left.\begin{array}{l} \text{8. 日期} \\ \text{9. 干支} \\ \text{10. 五行} \\ \text{11. 建除} \end{array}\right\} \text{如「一日甲寅木建」。}$$

12. 月相，即上弦、望、沒、下弦、滅。

13. 節候，即二十四氣、七十二候。

以上是第二項，且用小字注於第一項之下，如：「下弦，驚蟄二月節，桃始花。」

14. 歲位、歲前、歲對等及其吉凶（主要是吉），個別曆日在此項下還注有五音（宮、商、角、徵、羽）忌避。在「凡人年內造作、舉動，百事先須看太歲及已下諸神將並魁罡，犯之凶，避之吉」的封建社會，有所謂「公私最要莫過於曆日」之說，而人們看曆日，就是為了避凶就吉，因而此項的文字最長，連何日可以沐浴、洗頭、剪指甲都注得清清楚楚。

15. 晝夜時刻，這是一項科學的記錄。隨著地球繞太陽旋轉，或晝長夜短，或晝短夜長，不斷變化，因而每隔幾天就得標明「晝 XX 刻，夜 XX 刻」。不過，這一內容往往是標準本才有的。

16. 人神所在，如「人神在手小指」「人神在胸」……意即「人神所在之處不得針灸出血」也是「犯之凶，避之吉」。王重民先生認為，這是「道家人神之說，傳播既廣，始被採用於曆日」[1]。

17. 日遊，這是敦煌具注曆日的最後一項「注」，「日遊在外」或「日遊在內」。「日遊在外」是否表示「吉」，現存曆日沒有說明，「日遊在內」是凶日，倒有說明：P.2705 的尾部有一題記，它告訴我們：「『日遊在內』，產婦不宜屋內安產帳及掃舍，皆凶。」

18. 蜜，也叫蜜日，就是日曜日，即現在的星期天。蜜日一般注在曆日的天頭，個別的也有注在旁邊或在月相之上、日期之下。據我驗證，凡蜜日注，90% 以上是正確無誤的。這也說明，敦煌曆日的連續性

1　王重民：《敦煌古籍敘錄》，商務印書館 1958 年版，第 178 頁。

和科學性是毋庸置疑的，它並沒有因制曆者幾番易人而受影響。

綜觀曆日的全部內容，18 項中有 9 項是科學性的記錄，占50%，其餘項目多少都帶有封建迷信色彩。如果當時的敦煌人真的按照曆日的序言和「注」實行，只好束手待斃，否則，一舉手一投足都會大難臨頭。不過，老百姓的精神枷鎖，往往是封建統治者的神咒靈符！因為，一切災禍皆由天時鬼神主使，摸不著，抓不住，人們也就只好認命忍受了。

二、敦煌曆日的形式

敦煌遺書中，不僅有敦煌曆日，還有一份刻本中原曆日，即 S.612《太平興國三年（978）應天具注曆日》，圖文並茂，雖然沒有

印完，但是大體規模已具。原刻本的大標題為「大宋國王文坦請司天台官本勘定大本曆日」，由此我們得知，這種形式的本子叫「官本」，而且是「大本曆日」。敦煌曆的形式與此不大相同，大致有這麼幾種：

1. 標準本，這種本子，看來都是纂曆者的謄抄本，有的甚至是上歸義軍衙門的「進呈本」。如 S.2404，應是同光二年（924）曆，除一般曆日內容而外，還有圖，還有二十八宿，標題雖殘，但撰曆者猶存「＿＿＿＿＿＿衙守隨軍參謀翟奉達撰上」，顯然是「上」歸義軍衙門的進呈本。總之，凡標準本項目都齊全，書寫都規整。屬於這一類的，除上述 S.2404 外，還有 P.3403、P.2623、S.1473、S.0276、S.0681、P.2591、P.2705。

2. 通欄式和雙欄式。看起來是個形式問題，其實是由內容決定的。上面所說的標準本，都是通欄書寫，只有 S.0095 是個例外。此件

全，前有「登仕郎守州學博士翟奉達撰上」，後有「寫勘校子弟翟文進書」，似乎不光是標準本，而且是「進呈本」，但它卻分上下兩欄書寫，上欄為單月，下欄為雙月。究其內容，減掉了月九宮、月神將所在、晝夜時刻，吉凶禍福也簡單多了。至於「人神所在」，本來就是死的，月月相同，移到序言中去；「日遊」一項，通欄書寫者也有不要的，雙欄就更不必要了。因此，雙欄式的曆日，當推它為標準。屬於這種形式的還有 P.5548、P.3248、P.3247、P.3555、P.3492、羅 3。

通欄式的，除了標準本以外，尚有 S.1439-2、P.4983、P.3284v、P.4996+3476、P.2583、P.3900、P.2765、羅 2。這一部分通欄式，往往是「歲位吉凶」一項內容最多，如 S.1439-2，據粗略統計，有 53 種吉凶避忌。

3. 簡曆，也可分通欄書寫（P.2506）和雙欄書寫（S.6886v、S.3824-3）兩種。簡曆當然是內容從簡的曆日，一般只有月序、月建大小、日期、干支、五行、建除，即使是通欄書寫的，也只多了月相、二十四節氣兩項，連七十二候都沒有。這種曆日，可能是民戶抄來應用的。有趣的是，S.6886《太平興國六年（981）辛巳歲具注曆日》「吉凶注」只抄了正月一至十二日，以後每隔一段註上一句，八月以後乾脆不注了。但是，從正月到十二月，都注有「洗」字，按曆日應有的內容來推測，應是曆日注「洗頭吉」的簡稱。為什麼只注「洗」字，不得而知。另外，六月二十六日之下注有「馬平水身亡」五字，七月初三日之下注「開七了」三字，以後隔六天注「二七」「三七」直至「七七」「百日」。顯然，曆日的使用者與逢七祭弔「馬平水」有關。又，此件尾題有「▭▭▭▭於生阿師子」幾字，可能是曆日的抄寫者。

4. 月曆，P.3507《淳化四年癸巳歲（993）具注曆日》是一份很有獨創性的曆日。它無序、無神將所在、無人神、無日遊、無吉凶（只

正月初一注了「嫁、修、符、葬吉」5字），而選取了朔日干支、蜜日、月相、節候、祭祀、晝夜時刻。可以説，抄歷者摘取了當年曆日中所有科學性的精華，是很有見地的。此歷的形式也很特別，月序、月建大小、九宮下注本月的具體項目，每月一條幅，因此我給它取名「月曆」。

三、確定曆日年代的方法

日本學者藪內清《斯坦因敦煌文獻中的曆書》一文中説：「從曆書的殘卷推定年代，一般依據業已出版的朔閏表和曆書上的日期進行對照。這種方法，即便是不具備曆法知識的人也能進行，尤其是相對而言已經解決了時代範圍的敦煌曆，一年一年地進行互相對比的工作也並不那麼麻煩。」[2]我剛開始接觸敦煌曆日時也是這樣進行的。但是，單純依靠朔閏表對照是很不可靠的。如 P.2591 曆日殘卷，如果按照現存朔日干支和能夠推算出來的朔日干支，它和貞元十年（794）甲戌歲完全一致：

中原曆	敦煌曆
四月大　癸卯朔	（四月大）（癸卯朔）
五月小　癸酉朔	五月小　癸酉朔
六月大　壬寅朔	六月大　壬寅朔
七月小　壬申朔	七月（？）（壬申朔）

敦煌曆（　）內的月建大小和朔日干支是根據殘歷提供的條件推算出來的。但是，當你運用其他推算方法推算的結果，只有天福九年

2　《東方學報》（京都版），第 35 期，1964 年 3 月。

（944）甲辰歲是正確的。

下面談談我是怎樣確定敦煌曆日殘卷年代的。剛接觸曆日時，確實與看天書無異。後讀王重民先生《敦煌本曆日之研究》一文[3]，得到了一些啟發，把目前我所蒐集到的有絕對年代的敦煌曆日與中原曆[4]列表進行了比較，所得到的結果是：

第一，朔日干支，中原曆和敦煌曆沒有一年是完全吻合的。

第二，凡置閏之年，不吻合的比例就大，反之就小。

第三，干支紀日始終不錯。董作賓先生《研究殷代年曆的基本問題》一文中曾說：「我們第一要證明干支紀日是獨立的，第二要證明干支紀日是連續不斷並且沒有錯誤的。」他根據伊尹《伊訓篇》的「唯太甲元年十有二月乙丑朔（前 1738）」，經過推算，得出的結論是：「中國之干支紀日，連續不斷，乃至三六七五年（到1939 年董先生撰寫此文時止——引者），一百三十四萬二千二百九十四日之久，真可謂『世界最長久之紀日法』了。」[5]作為一種地方曆日——敦煌曆日，也是如此，雖經改朝換代，製作曆日者也幾易其人，但干支紀日與中原完全一樣，連續無誤。

第四，干支紀月始終不錯。（傳抄過程中抄寫者的錯誤應另當別論。）

在不斷整理、排比的過程中，我逐漸摸清了一些考定敦煌曆的方法：

1. 對每件殘曆，就本身所提供的條件，最大限度地推算出每月的朔日干支。如 P.3555 貞明八年曆，原卷分上下兩欄書寫，上欄為單

3　《東方雜誌》第 34 卷第 9 號，1937 年 5 月。

4　陳垣：《二十史朔閏表》，簡稱《朔閏表》，中華書局 1978 年版。

5　《國立北京大學四十週年紀念論文集》乙編上，1940 年，第 146—147 頁。

月，下欄為雙月，由於下半截全殘，只剩單月，我就根據單月與單月之間的關係，找出雙月的月建大小及朔日干支。又如 P.3247、2623、3507、2765，S.1473、2404，曆日部分都殘破不全，但正月之前有全年的月建大小，就可以根據正月的朔日干支而推出其餘各月。就這樣，本身只存五個朔日干支的 P.5548 殘曆，居然得出九個月的朔日干支來。作為推定該曆的時代，多一個月少一個月似乎關係不大，但作為一項科學資料，它卻是多多益善的。作為一種方法，推算後的整理，那是必不可少的。

2. 利用干支紀月，縮小推算曆日年代的範圍。中國曆法，從漢武帝太初元年（公元前 104）起，以正月為歲首，建寅，一直未變。沈括《夢溪筆談》說：「正月寅，二月卯，謂之建。其說謂斗杓所建。不必用此說，但春為寅、卯、辰，夏為巳、午、未……理自當然，不需因斗建也。」[6]敦煌曆也是正月建寅，二月建卯，三月建辰……配以天干，五年一輪迴，列表於後（表 1）。

有了建寅，曆日所屬之年代的推算就能縮小了範圍。因為敦煌曆也和中原曆一樣，紀月地支和紀年天干的關係也是有規律

的。開始，我也是列表對照，後來，在 S.0612V 殘卷中找到了口訣，使用起來就方便多了。這一口訣，叫作《五子元例正建法》：[7]

6　沈括：《夢溪筆談》卷七，文物出版社 1975 年版，第 15 頁。

7　曆法上有所謂「六甲」「五子」。《漢書‧律曆志》：「故日有六甲，辰有五子。」孟康註：「六甲之中唯甲寅無子，故有五子。」所謂「日有六甲」，日即十干，古代也把十干叫作十日、十母；所謂「辰有五子」，辰即十二支，古代把十二支叫作十二辰、十二子。孟康的注也沒有說清楚。簡單地說就是：六十甲子當中，從天干來說，有六個「甲」，即甲子、甲戌、甲申、甲午、甲辰、甲寅；從地支來說，有五個子，即甲子、丙子、戊子、庚子、壬子。

甲己之年丙作首，（建丙寅）

乙庚之歲戊為頭，（建戊寅）

丙辛之年庚次第，（建庚寅）

丁壬還作順行流，（建壬寅）

戊癸既從中位起，

正月須向甲寅求。（建甲寅）

藤枝晃先生就曾因為沒有很好地利用紀月干支而推算失誤。如 S.3824-3 殘曆，存五月十八至六月九日，殘卷的下部有一些如今很難讀懂的文字，其中有「乾夫三年是高苟奴手巳」這樣幾個字，藤枝晃先生據此定為「乾符三年（876）」，又恰好朔日干支近似。但是，乾符三年是丙申歲，「丙、辛之年庚次第」，正月應該建庚寅，而殘曆明明有「六月小建辛未」的記載，也就是說正月建丙寅。這樣，乾符三年的推斷就錯了。按我的推算，此件應是宋開寶二年己巳歲（969）具注曆日（詳後）。羅振玉亦因不注意干支紀月而推算失誤：他收藏的一卷殘曆，「但有正月至四月，而無五月以後⋯⋯正月小建壬寅，朔日戊寅；二月小建癸卯，朔日丁未；三月大建甲辰，朔日丙子；四月小建乙巳，朔日丙午。考之《長術》，乃淳化元年（990）曆也」[8]。其實，「正月小建壬寅」就告訴我們，是年不是丁年就是壬年（「丁壬還作順行流」），羅氏不注意這一點，只拿朔日干支去對照汪日楨的《長術》，得出淳化元年「庚寅」歲的錯誤結論。其實，此件應是唐乾寧四年（897）丁巳歲具注曆日。藤枝晃先生也指出了羅氏的上述錯誤，可他自己也犯了同類錯誤。

8　羅振玉：《松翁近稿》，1925 年冬上虞羅氏印行，後收入《羅雪堂先生全集》。

3. 九宮推算法。九宮為何，我過去也不知道。第一次接觸時，只覺得它像今天的玩具「魔方」。經過把所有曆日殘卷中的「魔方」拿出來排比之後，發現了它的規律。後來，在 P.4996v 卷子中看見了標明「午年九宮」和「正月九宮」的圖，又知道了此種「魔方」的正名應叫「九宮」。但是，「九宮」一詞，在現今的《辭海》裡，只有「戲曲、音樂名詞」這樣一種解釋。後因一個偶然的機會，翻閱《小學紺珠》，才發現我排比出來的九宮的次序和此書記載完全相同，即一白、二黑、三碧、四綠、五黃、六白、七赤、八白、九紫，[9]不僅找到了規律，知道了正名，而且找到了根據。後查《唐會要·九宮壇》，稱：「謹按黃帝九宮經及肖嵩五行大義，一宮其神太一，其星天蓬，其卦坎，其行水，其方白。二宮其神攝提，其星天芮，其卦坤，其行土，其方黑。三宮其神軒轅，其星天沖，其卦震，其行木，其方碧。四宮其神招搖，其星天輔，其卦巽，其行木，其方綠。五宮其神天符，其星天禽，其卦離，其行土，其方黃。六宮其神青龍，其星天心，其卦乾，其行金，其方白。七宮其神咸池，其星天柱，其卦兌，其行金，其方赤。八宮其神太陰，其星天任，其卦艮，其行土，其方白。九宮其神天一，其星天英，其卦離，其行火，其方紫。」[10]這樣，何以日本稱此為「九星」，而五代時敦煌翟奉達在他編的曆日中稱「年起七宮」「月起五宮」等，有時候又叫「九方色」，也就弄清楚了。又因為九色之中有三個「白」色，他把用九方色測吉凶的方法編了一首順口溜，叫作「三白詩」[11]。詩曰：「上利興功紫白方，碧綠之地患癰瘡，黃赤之方遭

9　《小學紺珠》卷一《九宮》，《叢書集成》本第 176 冊，中華書局 1983 年版。

10　《唐會要》卷一〇下，中華書局 1983 年版。

11　有「三白詩」的曆日殘卷有 S.1473《太平興國七年壬午歲具注曆日》P.3403《雍熙三年丙戌歲具注曆日》。

疾病，黑方動土主凶喪，五姓但能依此用，一年之內樂堂堂。」

《小學紺珠》稱「張衡曰：聖人明天數，審律曆，重之以卜筮，雜之以九宮」[12]。可見曆日中雜以九宮，至少東漢以前就有了。

知道九宮的運行，對瞭解曆日之中年九宮、月九宮的安排是至關重要的。日本藪內清先生排了「九星配置」。我在沒有得到此文之前，根據 P.3403《雍熙三年丙戌歲具注曆日》畫了「九方色圖」，結果也是一樣的。

此圖告訴我們：

1. 年九宮與月九宮是分別排列的。來年正月的月九宮是「二黑」在中央，而來年的年九宮則是「五黃」在中央。（S.1473、0612、0681-2，P.4996v 等也都說明年九宮與月九宮是分開排列的。）

2. 月九宮，不管是哪一「方」，都是按九、八、七、六、五、四、三、二、一倒轉的。

3. 每一個九宮本身是如何排的呢？《星經》曰：「太一下行八卦之宮，每四乃還於中央。」《易・乾鑿度》鄭玄註：「太一行九宮，始於坎、坤、震、巽、中央、乾、兌、艮，終於離。」

五黃	一白	三碧
四綠	六白	八白
九紫	二黑	七赤

年九宮

12　《小學紺珠》卷一，《叢書集成》本第 176 冊，中華書局 1983 年版。

四綠	九紫	二黑
三碧	五黃	七赤
八白	一白	六白

正月庚寅

三碧	八白	一白
二黑	四綠	六白
七赤	九紫	五黃

二月辛卯

二黑	七赤	九紫
一白	三碧	五黃
六白	八白	四綠

三月壬辰

一白	六白	八白
九紫	二黑	四綠
五黃	七赤	三碧

四月癸巳

九紫	五黃	七赤
八白	一折	三碧
四綠	六白	二黑

五月甲午

八白	四綠	六白
七赤	九紫	二黑
三碧	五黃	一白

六月乙未

七赤	三碧	五黃
六白	八白	一白
二黑	四綠	九紫

七月丙申

六白	二黑	四綠
五黃	七赤	九紫
一白	三碧	八白

八月丁酉

五黃	一白	三碧
四綠	六白	八白
九紫	二黑	七赤

九月戊戌

四綠	九紫	二黑
三碧	五黃	七赤
八白	一白	六白

十月己亥

三碧	八白	一白
二黑	四綠	六白
七赤	九紫	五黃

十一月庚子

二黑	七赤	九紫
一白	三碧	五黃
六白	八白	四綠

十二月辛丑

▲ 圖1　雍熙三年年九宮、月九宮圖

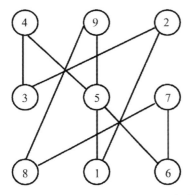

▲ 圖2　九宮圖

　　按上述記載用數字來標明順序，則如圖 2。其「下行」路線，則如小圖所示。用以檢驗曆日上的每一個九宮都是如此。

　　九宮只有九個，用以紀月，則每年的十、十一、十二月均與一、二、三月相同。如果曆日既用干支紀月，又用九宮紀月，其周而復始應是 9 與 60 的最小公倍數，即 180 個月，也就是 15 年。如果我們以九宮（九方色）的中央色為代表（敦煌曆中的「年起 X 宮」「月起 X 宮」都是指九宮中的「中央」而言的），配以正月建寅的關系，推算的結果如表 2。這樣，我們拿到一份配有九宮的曆日，又有紀月干支，只要在《朔閏表》上查表 2 所列年代的朔日干支，哪年能與殘曆吻合，哪年就是殘卷曆日的年代。如：羅振玉收藏的一份曆日，正月建丙寅，月起二宮，經查表 2，有 15 個年代可能是曆日所屬的某年，與《朔閏表》一對，僅 939 年的朔日干支與曆日基本相符，再一查蜜日注，完全符合。

　　另一種辦法，就是藪內清先生的辦法。不過，他沒有說明他這種辦法是怎麼得來的。我是這樣得出來的：

　　九宮紀月，9 個月 1 輪迴。1 年 12 個月。9 與 12 的最小公倍數是 36，也就是説，3 年之後周而復始（見九宮紀月輪迴簡表）。

　　據 P.3403，正月五黃是戌年，那麼每年正月的「月起九宮」的十二支則是這樣（如下表），我們隨便拿上一份曆日就能得知：凡正月「月起二宮」就只能是亥、寅、巳、申年；凡正月「月起八宮」就只能是子、卯、午、酉年；凡正月「月起五宮」，就只能是戌、丑、辰、未年。如：有一份曆日，正月建丙寅，「甲、己之年丙作首」，年天干應是甲或己，而正月九宮為五黃（五宮），那麼配以戌、丑、辰、未，得出這一年只能是甲戌、甲辰、己丑、己未。不過，60 年內查這樣 4 個年代，從陷蕃到曹延祿亡（781—1002）也得查 15 個年代，與上述第一

種方法的效率差不多。

五黃	戌	丑	辰	未
二黑	亥	寅	巳	串
八白	子	卯	午	酉

年九宮的排列，據現存殘歷排比的結果，也是九紫、八白、七赤……倒行的。至於年九宮的推算，也有幾種方法：

一種是用六十甲子與九宮的關係即 9 與 60 的最小公倍數 180 年來排列，如表 3，每宮得 20 個近似年代，然後再對照《朔閏表》。一種是用九宮與六十甲子的關係，也是 9 與 60 的最小公倍數 180 年 1 輪迴排的結果，歸納為表 4。藪內清先生用的方法與此大同小異，但不如我的方便易查。可是，這種辦法，首先要推測殘歷是屬於上元甲子、中元甲子還是下元甲子，極為不便。

九宮紀月輪迴簡表

月序	正月	二月	三月	四月	五月	六月	七月	八月	九月	十月	十一月	十二月
第一年九宮	五黃	四綠	三碧	二黑	一白	九紫	八白	七赤	六白	五黃	四綠	三碧
第二年九宮	二黑	一白	九紫	八白	七赤	六白	五黃	四綠	三碧	二黑	一白	九紫
第三年九宮	八白	七赤	六白	五黃	四綠	三碧	二黑	一白	九紫	八白	七赤	六白

第三種辦法，也是最簡便的辦法：取九宮與十二支排列的辦法，即 9 與 12 的最小公倍數，如下表：

九紫	八白	七赤	六白	五黃	四綠	三碧	二黑	一白
辰	巳	午	未	串	酉	戌	亥	子
丑	寅	卯	辰	巳	午	未	串	酉
戌	亥	子	丑	寅	卯	辰	巳	午
未	串	酉	戌	亥	子	丑	寅	卯

九紫辰，八白巳，這是現存敦煌曆為我們提供的排列依據。這樣排列的結果，又可歸納為：

九紫、六白、三碧	辰、丑、戌、未
八白、五黃、二黑	巳、寅、亥、申
七赤、四綠、一白	午、卯、子、酉

如 S.0095「年起九宮」，得辰、丑、戌、未；「正月建庚寅」根據「丙辛之年庚次第」，不是丙年就是辛年。年天干與年九宮相配，得丙辰、丙戌、辛丑、辛未，再以殘曆的朔日干支對照《朔閏表》。結果是顯德三年丙戌歲。

4. 蜜日注是檢驗年代推斷是否準確的標尺。「蜜」是七曜之一。S.2404 有《推七曜直用日吉凶法》：

第一蜜，太陽直日，宜見官、出行、捉走失，吉事重吉，凶事重凶。第二莫，太陰直日，宜納財、治病、修井灶門戶，吉；忌見官，凶。第三云漢，火直日，宜買六畜，治病、合夥、造書契、市買、吉；忌針灸，凶。第四嘀，水直日，宜入學、造功德，一切功巧皆成，人畜走失自來，吉。第五溫沒斯，木直日，宜見官、禮事、買莊宅、下文狀、洗頭，吉。第六 頡，金直日，宜受法見官、市口馬、著新衣、修門戶，吉。第七雞緩，土直日，宜典莊田牛馬，利加萬倍及修治倉庫，吉。

很明顯，敦煌曆中加進七曜，與問卜吉凶有關。[13]但是，七曜吉凶

13　王重民先生在《敦煌本曆日之研究》一文中，對七曜曆與敦煌曆的關系作了專門論述，請見《東方雜誌》第34卷第9號。

只寫在序言裡，至於日曆部分則只是每隔六天注一「蜜」字，有朱書，有墨書。在考定曆日殘卷所屬的年代上，與蜜日注的關系很大，這是制曆者始料不及的。僅舉一例：

P.2591 殘曆，存四月十二日至六月一日，其朔日干支為：四月大，癸卯朔；六月大，癸酉朔；五月小，壬寅朔；七月（？），壬申朔。正月建丙寅，九宮為五宮。如果不檢驗蜜日注，則中原曆貞元六年（790）與此曆完全吻合，連九宮、建寅也吻合。但如果檢驗蜜日注，則五月廿九日辛丑為蜜日，合公曆 790 年 7 月 1 日，此日不是蜜日，而天福九年（944）則建寅、九宮、蜜日全合，只是朔日干支敦煌曆遲一天，這才是正常現象。

為什麼蜜日合才是最準確的呢？因為我們據以考定年代的幾種方法，「正月建寅法」5 年一輪迴，相同的可能性最多；「月起九宮法」15 年一輪迴，比「正月建寅法」的可靠程度大了三倍；推算蜜日法，依據的是陳垣先生的《二十史朔閏表》和《附日曜表》，此法 28 年一輪迴，比九宮法又幾乎大了一倍，在其他二法吻合的基礎上，再證以蜜日法，就更準確無誤了。

5. 每一件曆日殘卷的具體年代。主要有：

1. 在敦煌遺書中，目前能蒐集到的有絕對年代的曆日共有 8 件。為資料完整計，將其列表比較於後（表 5—表 12），必要的說明放在備註欄內，以節省篇幅。凡根據殘曆提供的條件推算出來的月建大小和朔日干支，寫在（　　）內，以示區別。

2. 凡由推算而定年代的殘曆，按年代先後排列，先說推算的依據，然後列表比較。

P.3900 殘曆，藤枝晃先生沒有著錄。此件兩面書寫，背為「書札箋表儀式」。由於紙質很薄，背面的字都能看得見，縮微膠卷的效果更不

好，兩面攪擾，哪一面也看不清楚。曆日保存了四月十一日至六月六日部分，無月建，無年九宮、月九宮，更無蜜日注。唯一的辦法就是拿殘曆所提供的朔日干支與《朔閏表》一年一年地對照。殘曆此年閏四月，按常規，中原曆應該是閏三月或閏四月（當然也不能排斥閏五月的可能性），兩曆不是同月閏就是前後月閏。對照的結果，應是唐元和四年（809）己丑歲具注曆日，再考以其他方面，可以肯定它準確無誤，因為：

第一，殘曆所提供的朔日干支與元和四年近似。

第二，該年中原曆閏三月，敦煌曆閏四月，符合常規。

第三，S.6515《妙法蓮華經》卷七尾題「丑年閏四月……寫了」，說明某一個「丑年」敦煌曆閏四月。如上所述，敦煌曆的置閏與中原不是同月就是前後月，那麼我們就可以參照《朔閏表》來考證，結果是 665 年（乙丑）閏三月，809 年（己丑）閏三月，893 年（癸丑）閏五月，而 665、893 年的朔日干支全對不上，只能是元和四年（809）。

第四，北圖周字 53 號題曰「維歲次己丑正月己卯朔……」[14]，經檢索《朔閏表》，己丑年正月己卯朔，敦煌曆只能是元和四年。「正月己卯朔」，殘曆又告訴我們，從「四月戊申朔」，就可以推算出來，二月只能是己酉朔，三月是戊寅朔。完全正確，與殘曆的吻合真是天衣無縫（表 13）。

P.2583 殘曆日，無月建，無九宮，無蜜日注，藤枝晃先生推算為 821 年具注曆日（唐長慶元年辛丑歲）[16]，與《朔閏表》合。另外，我核對了歲位吉凶項內的內容，它與 P.2765「甲寅年曆日」相同，是吐蕃統治時期的曆日（表 14）。

14　許國霖：《敦煌雜錄》，上海商務印書館 1937 年版，第 109 頁。

　　P.2765 殘歷，有頭無尾，題曰「甲寅年曆日」。殘卷前有藏文四行多。殘歷的背面為願文數件，其中《大蕃敕尚書令賜大瑟瑟告身尚起律心兒聖光寺功德頌》下題「大蕃右敦煌郡布衣竇□撰」。雖兩面同為吐蕃時物，但哪面在前尚待研究。

　　曆日前面有序，很特殊，前面已引（在「敦煌曆日的內容」項下）。日曆部分，只有月建大小，無九宮。王重民先生在《敦煌本曆日之研究》中說：「甲寅年曆日，不著撰人。凡三百五十五日。存正月一日至四月七日。按：此曆日不著年號，後周顯德元年為甲寅（954），其前一甲寅為乾寧元年（894），後一甲寅為大中祥符七年（1014），敦煌石室所出，無 998 年以後的史料，則非後一甲寅，故暫定為顯德元年（954）曆日。」此乃所謂「智者千慮，必有一失」。其失誤之因有二：一是沒有想到再往前推一甲寅，二是沒有對照一下朔日干支。其實，此曆日雖四月七日以後缺失，但前面有全年的月建大小，因而能夠推知全年的朔日干支。王重民先生所指出的幾個「甲寅」與殘卷都對不上號。從莫高窟建窟的366 年起到瓜沙曹氏亡，只有唐大和八年（834）的甲寅才能與殘歷合。藤枝晃先生推定為 834 年是對的，但沒有指出殘歷的矛盾。不僅如此，而且還說：「雖然由於紙的上端已殘而無法斷言，但也沒有『蜜日』記注的樣子。」[15] 這也是「智者千慮，必有一失」。按：曆日的正月一日之下，注有「嫡」字，清清楚楚。這就等於說，今年嫡日受歲。我們知道，「嫡」就是「七曜日」中的第四曜。那麼，正月一日壬子嫡，正月五日丙辰就應該是「蜜」。所以說，此殘歷以另一種方式注了「蜜日」。現在的問題是：834 年正月五日丙辰等於834 年 2 月 16 日，此日不是「蜜日」。其他幾個「甲寅」年連朔日干支

15　凡藤枝晃先生的推算，均請看《敦煌曆日譜》一文。

都對不上，有的正月恰好連「丙辰日」都沒有，更不會有「蜜合」了。因此，既然年代推斷是準確無誤的，那就只能是制曆者的失誤或抄寫者的失誤了（表 15）。

S.1439—2 殘曆，無頭無尾，正月一日至十三日的下部殘缺。曆日存正月初一到五月廿四日。據曆日本身提供的條件，此件應為唐大中十二年（858）戊寅歲具注曆日，其依據是：

第一，原件有「正月大建甲寅」，不是戊年就是癸年（口訣：「戊癸既從中位起，正月須向甲寅求」）。

第二，殘曆提供的朔日於支，只有大中十二年的「戊寅」年基本相合。

第三，原卷有三月七日己巳為「蜜」日的記注，合 858 年 4 月 24 日，是日正好是「蜜日」（表 16）。

此件藤枝晃先生也推定為 858 年，但他沒有說任何依據。

P.3284V 殘卷，藤枝晃先生未著錄。曆日存正月至五月廿一日。另一面是書儀，有什麼「寒食相迎狀」「給妻子書」等多種。從字體來看，兩面為同一人抄寫。曆日無九宮，只有月建，蜜日注於天頭，但二月以後不再注出。經推算查對，只能是唐咸通五年（864）甲申歲具注曆日，其依據是：

第一，正月建丙寅，「甲己之年丙作首」，不是甲年就是己年，而「甲己之年」當中只有咸通五年甲申歲的朔日干支與此件合。

第二，S.6349《易三備》卷二有「於時歲次甲申六月丙辰（朔）十九日甲戌申時寫訖」的題記一行，而「甲申」年「六月丙辰朔」也只能是咸通五年（864）。

第三，殘曆雖然只提供了正月到五月的朔日干支，但如往下推算，「六月丙辰朔」完全合理，又是一個「天衣無縫」（表 17）。

　　敦煌曆，每月的朔日干支與中原曆完全吻合者，從有紀年的 8 份曆日來看，根本沒有。P.3284v 歷殘存的幾個月與中原曆完全相同。咸通年間，唐朝與敦煌往來頻繁，我們估計，這一年敦煌使用的是中原曆。

　　又，按 P.3284v 歷記載，正月四日辛卯為蜜日，不合，應該是正月三日庚寅為蜜日。我估計是抄錯了，因為：正月「十日丁酉」的上面也注了一個「蜜」字，又塗掉，但恰恰此日是蜜日。二月以後不再注蜜日，可能與抄歷者當時就發現錯誤有關了。

　　P.3492 殘卷，藤枝晃先生未著錄。此卷兩面書寫。從殘存情況看，《〈諸雜推五姓陰陽等宅圖經□□□□□□》是第一次書寫，此是正式的卷子，前面還留有「縹」，曆日就利用這一段空白紙；背面的「相書」是第二次書寫的，原計劃還應有插圖，留下了圖的標題而未畫圖；曆日是第三次書寫的，完全是利用空白紙，能抄多少算多少，十一月份未抄完，只好抄到背面原「相書」留下畫圖的地方，因而其格式雜亂無章。

　　曆日分上下兩欄書寫，上欄從九月七日始，下欄從十月三日始；十一月份又分成兩欄，十六日以後寫在另一面。曆日無九宮，無蜜日注，只有「十一月小建甲子」及推算出來的九、十、十一、十二月等四個月的朔日干支。十一月建「甲子」，正月就是建「甲寅」，此年不是戊年就是癸年。經與〈朔閏表〉對照，有兩個年代與殘歷合：一是開元二十六年戊寅歲（738），朔日干支全合，但從書法上看，它怎麼也到不了「開天盛世」；一是晚唐光啟四年戊申歲（888），我認為應以後者為是（表 18）。

　　羅振玉藏曆日斷片第三（簡稱羅 3，藤枝晃先生編號，下同），只存五行半，僥倖的是，最前面殘存了三月至閏九月的月建大小，因而

能知十個月的朔日干支。又，由原卷的「二月大建己卯」，知是年正月建戊寅（「乙、庚之歲戊為頭」），而乙、庚之歲與此歷朔日干支相合者，只有唐大順元年（890）庚戌歲，舍此莫屬。此件與藤枝晃先生所推相同，故而從略（表 19）。

P.4983 殘歷，藤枝晃先生未著錄。此件有尾無頭，尾題「王文君書」，字跡與曆日同。另有兩行字，字跡與王文君之書跡不一，應是另一人所寫。曆日存十一月廿九日至十二月底，只有月建而無九宮，無蜜日注，但在日期的上邊，每隔六天就有一小塊顏色。原卷有「十二月大建癸丑」，知是年正月建「壬寅」（「丁、壬還作順行流」），丁年或壬年。經查《朔閏表》，應是唐景福元年（892）壬子歲具注曆日。又，如果日期上每隔六天就有塊顏色是代表「蜜」的話（看不到原卷，只能如此說），正好與此年的蜜日吻合[16]（表 20）。

P.4996+3476 殘歷，藤枝晃先生推算為 893 年（景福二年癸丑歲），無誤。不過，他沒有詳述理由，我再作補充：

第一，由「五月大建戊午」而知是年正月建「甲寅」（「戊癸既從中位起，正月須向甲寅求」），不是戊年就是癸年。

第二，殘歷是年閏六月，中原曆也應是前後月置閏，而戊年癸年閏五月或六月的只有景福二年（893）才合。

第三，原卷九月廿八日甲午和十月十九日乙卯上面的「蜜」字隱約可見，分別為 893 年的十一月十一日和十二月二日，兩日均為蜜日，與殘歷合（表 21）。

16　藤枝晃《敦煌曆日譜》引用了一條斯坦因蒐集的「觀音像幡」題記，文曰：「時唐大順參年（即景福元年）歲次壬子十二月壬申朔三日。」按敦煌曆（中原曆也同），十月應是壬申朔。且按藤枝晃先生所述，朔日干支原本寫錯。到底是哪裡錯，因未見原物，只好存疑。

　　P.5548 殘歷，藤枝晃先生未著錄。此卷前、後、中間均殘缺，開頭部分上下也殘缺。曆日分上下兩欄抄寫，上欄為單月，下欄為雙月。由於原卷太殘，這裡不得不費一點筆墨：

　　由上欄第 27 行「五月小建壬午」而可知殘歷起於三月四日，此日干支為壬戌，從而得知三月己未朔。三月的最後一天存「丁亥土危」，可知為廿九日，是月小建。

　　下欄的四月甚殘，由五月戊午朔而知四月的最後一天為「丁巳」，又由殘存的「十三日庚子」而得知四月戊子朔，從戊子到丁巳共 30 天，是月為大建。

　　由五月小建戊午朔而得知六月丁亥朔，殘卷存「卅日丙辰」，知是月大建。

　　由「七月大建甲申」知是年正月建戊寅（「乙、庚之歲戊為頭」），不是乙年就是庚年。據殘歷提供的條件，對照《朔閏表》，此件應是唐乾寧二年（895）乙卯歲具注曆日。這一年，除了朔日

　　干支比較接近而外，起決定作用的是蜜日註：殘歷保存了八月六日壬辰和十三日己亥兩個比較清楚的蜜日注，這兩日分別為 895 年 8 月 31 日和 9 月 7 日，恰好是蜜日，與殘歷合（表 22）。

　　P.3248 殘歷，無頭無尾，雙欄書寫，上欄為單月，下欄為雙月。曆日存：三、四兩月均起於六日，七、八兩月均止於十日。有月建，也有「蜜」日用紅色注於天頭，只是無九宮。

　　此歷藤枝晃先生也是推定為 897 年，即唐乾寧四年丁巳歲，我把依據補充如下：

　　第一，據原卷「五月大建丙午」而知是年正月建「壬寅」（「丁、壬還作順行流」），不是丁年就是壬年。

　　第二，殘歷所提供的朔日干支與乾寧四年丁巳歲全合。

　　第三，前述羅振玉藏、他自己錯定為淳化元年（990）的殘曆，

　　也應是乾寧四年（897）曆，該曆也是三月丙子朔，四月丙午朔，完全一樣（我未能收集到此曆的照片，不知蜜日情況如何）。

　　第四，蜜日合，原卷六月份的七、十四、廿一、廿八日上面的「蜜」日注看得很清楚。六月七日辛亥合 897 年 7 月 10 日，是日為蜜日，以下全合（表 23）。

　　P.2506v 殘曆，藤枝晃先生未著錄。此件曆日雖作通欄書寫，但內容簡單，只有日期、干支、五行、建除、月相、二十四氣、簡單的吉凶項目。曆日存正月一日至二月十八日。推算年代的依據只有月建一項：原卷有「正月小建戊寅」（「乙、庚之歲戊為頭」）。查遍《朔閏表》，乙、庚之歲只有唐天祐二年（905）乙丑歲比較接近。就這樣，正月的朔日干支與中原曆要差兩天。後從 S.5747 的記載上得到啟發，才作最後肯定。該卷首題：「天復五年歲次乙丑正月壬□朔……」（天復四年中原已改為天祐，敦煌仍沿用天復年號。天復五年當為天祐二年）。藤枝晃先生推定為「壬戌」，這是對的，因為聯繫天復五年（903）正月前後月的朔日干支，它只能是「壬戌」，恰好 P.2506v 正月是「壬戌」朔，互相印證，應為可靠（表 24）。

　　S.2404 殘曆，原來應該是同光二年（924）甲申歲具注曆日的標準本，有歷學家翟奉達題名的曆日自此始。

　　此件藤枝晃先生已收入，年代推斷也準確，敘述也很詳細，但有一點錯誤需要改正，有一點遺漏需要補充：

　　原卷在正月「一日辛丑土開」上面注有一字，字跡模糊，藤枝晃認為是「蜜」字，而且説是與《朔閏表》合。如果真是「蜜」字，那麼制曆者翟奉達搞錯了，因為他在序言中説：「今年莫日受歲。」如果是個「莫」字，那麼翟奉達是對的，反而藤枝晃先生搞錯了。按《七

曜歷》：第一蜜，第二莫，第三云漢……莫日之前才是蜜日。一日辛丑為莫，前一日庚子才是蜜。中原曆是年正月為「一日庚子」，合當年的2月8日，正好是日曜日，即蜜日。

原卷有年九宮、月九宮，序言中還說：「九宮之中，年起五宮，月起四宮，日起二宮。」按序言，應是年五黃、月四綠、日二黑，他也是這樣畫圖的。經檢驗，年起五宮沒有錯（924年應該是年起五宮），月起四宮就錯了。如前所述，正月的九宮只能是八、五、二。我估計，可能是月起二宮、日起四宮搞顛倒了，這才成了「月起四宮，日起二宮」。正月建丙寅、起二宮，正好是同光二年（924）。藤枝晃先生撇開年九宮、月九宮不談，不知何意。

此殘歷的日曆部分只剩4天，幸而前面有全年的月建大小，因而可以得知全年的朔日干支（表25）。

S.0276殘歷，藤枝晃先生作了收錄，但他只說了一些卷子本身的情況，至於年代推斷，他採用的是藪內清先生的現成材料，即後唐長興四年癸巳歲（933）。

藪內清先生推算年代，利用了紀月干支，利用了月九宮（他叫「月的三元九星」），最終還是依靠了《朔閏表》。由於他自己在文章的一開頭就說過，依據已出版的朔閏表和曆書殘捲進行對照，這種方法即使是不具備曆法知識的人也能進行，所以這時候他「自設賓主」式地寫道：「這種變戲法的祕密一揭開，有人就會說，一開始就和《朔閏表》對照的方法不是早就不用了嗎？不知道這是被批評的方法嗎？其實，這裡敘述的方法，對四者擇一的曖昧程度來說，好歹是不可動搖的決定性的根據，這一點是事先就懂得的。」其實，《朔閏表》是必不可少的工具。

按我的方法，用朔日干支、正月建甲寅、月起二宮（二黑）這三

個條件，查表 2 所提供的年代，對照《朔閏表》，很快就得出 933 年的結論。

又，藪內清先生不檢驗蜜日，可靠性就要差一成。其實，此殘卷的六月五日以後，每隔六天注一「蜜」字，至今可見。六月「五日庚戌」即公曆當年的 6 月 30 日，是日為蜜日，全合（表 26）。

羅振玉收藏曆日斷片第二（羅 2），各家推算均為後晉天福四年（939）己亥歲具注曆日，藤枝晃先生已有論述，這裡只列表比較（表 27），不再贅述。

P.2591 殘曆，藤枝晃先生已著錄，年代推算為後晉天福九年（944）甲辰歲，且有詳述。推算無誤，此不贅述，只列表比較（表28），以增科學資料。

S.0681-2 殘曆，藤枝晃先生已據藪內清的年代推算而著錄，並加入了殘曆本身提供的三月至八月朔日干支。藪內清依據月建、月九宮、年九宮，用他的方法推算出的年代（945），結論是正確的。但是，兩位先生都沒有核以蜜日注。按殘曆正月「二日己亥」上面注有「蜜」字，是日合 945 年 2 月 16 日，正好是蜜日（表29）。

S.3824-3 殘曆，前面已經提到，藤枝晃先生沒有考慮別的條件，僅據「乾夫三年」幾個字定為「乾符三年」（876）。乾符三年肯定是錯的（前已述），那麼，應屬哪一年呢？朔日干支相近的有唐元和十四年（819）和宋開寶二年（969）兩個年代。在所有條件都相同的情況下，我根據書法定為宋開寶二年。

敦煌曆日，經常給人以這份和那份同出一人之手的感覺。事實上，現在能肯定的書寫者只有王文君、翟文進二人，所以有上述感覺，主要是因為曆日上的一些常用字，幾乎代代相因，如：丑、寅、卯、辰、辛、沒、戊、戌、閂（閉）。但是，有的字又時代性很強，

如：歲字，晚唐（包括晚唐）以前多作歳，五代以後多作歲，一個是「山」字頭，一個是「止」字頭；危字，晚唐以前同今字，晚唐以後作「意」，寫得潦草一點，幾成「范」字。S.3824-3 中的危字，多作「亠」頭，成「范」字。因此，我把它定為宋開寶二年（969）己巳歲（表30）。

　　P.2705 殘曆，藤枝晃先生根據月建、九宮、蜜日，定為宋端拱二年（989）己丑歲具注曆日，推算無誤。他述之甚詳，我從略，僅列表備之（表31）。

　　6. 幾個殘卷的交代。主要有：

　　S.0560、3985 只是曆日題籤，日曆無存，且都有年代，也沒有其他意義。

　　S.5919 只存「人神在腰」等，雖是曆日殘片，但無法推算。P.3434，《敦煌遺書總目索引》的「説明」作「背有日曆及大順四年記事」。其實，日曆不能作數，是信手隨寫之物；「大順四年記事」也説不上是「記事」，也是隨手亂畫之字跡而已。

　　P.5024，《總目索引》作「曆日（殘片五）」，其中：A 只有「丙午年正月十八日」8 字，不是曆日；B 為「鸞鳥十二月……」，是《推十二禽獸法》（見 S.0612-2），不是曆日；C 存曆日 4 天，沒有任何意義，更無法推算；D 只存「二月中」3 字，是曆日「春分二月中」這一節氣注的殘片；E 存「水執大寒十」「水收」，是某年十二月當中兩天的五行、建除及節氣注。總之，作為曆日，五個殘片都沒有任何意義。

四、敦煌曆日中的錯誤

　　敦煌曆日，嚴格説來，我至今還沒有讀懂。有的內容，我根本沒

有下過功夫，如吉凶；有的內容，我沒有找出排列的規律，如五行。幾年來，我只把如何推算殘曆的年代作為業餘研究的課題在探討。當我弄通一些規律以後，就發現敦煌曆當中錯誤不少，即使經過當時人校勘的，也存在不少錯誤。僅我所知，有以下幾方面：

1.六十甲子納音，沈括《夢溪筆談》有專門記載（據《漢書・律曆志》），敦煌曆日的標題之下，有「干木支火納音水」一類的記載，拿漢志去驗證（也就是按沈括所說的來推算），對不上。把敦煌曆上所有這一項目排列起來一看，原來的制曆者也許不熟悉六十甲子納音（易學上的術語叫納甲），矛盾百出。

2.曆日序言中有什麼「太歲在 X」，「歲德在 X」，「合德在 X」，這本來也可以用來推定年代，但同是「壬午」年，P.3555 貞明八年（922）作「歲德在壬，合德在丁」，S.1473 太平興國七年（982）卻作「歲德在丁，合德在壬」。按：歲德合應是「甲巳之年在巳，乙庚之年在乙，丙辛之年在辛，丁壬之年在壬，戊癸之年在癸」。

3.蜜日注有誤。蜜日合往往是年代推算的「敲定」條件，它一錯，實在害人不淺，幸而現存敦煌曆中只有兩件有錯，又恰好這兩件有其他「非此莫屬」的別的條件，才沒有引起麻煩。具體情況前已敘述，此處不贅。

4.月九宮排錯，已如前述。

5.錯得最多，甚至是件件皆有錯的是建除十二直日法。文學史上有一種詩體（雜體詩）叫建除體。建除十二辰何時用於曆日的編制，有待於以後考證，但肯定早於建除詩。

建除指：建、除、滿、平、定、執、破、危、成、收、開、閉十二個字。十二辰就是子、丑、寅、卯等。把建除配以十二辰，就叫建除十二辰。《淮南子・天文訓》中說：「寅為建，卯為除，辰為滿，巳

為平，主生；午為定，未為執，主陷；申為破，主衡；酉為危，主杓；戌為成，主少德；亥為收，主大德；子為開，主太歲；丑為閉，主太陰。」《史記・日者列傳》有「建除家以為不吉」，不但說明「建」「除」等是表示吉凶的，而且說明以此卜吉凶者稱之為「建除家」。

建除十二辰用於曆日，不是一成不變的，不是簡單的「寅為建，卯為除……」如果是那樣，曆日注就不會注錯。我從曆日殘卷的排比中，隱隱約約看到似乎和月建是一致的，即正月寅，二月卯……列表則為：

十二辰 月序　建除	建	除	滿	平	定	執	破	危	成	收	開	閉
正月	寅	卯	辰	巳	午	未	串	酉	戌	亥	子	丑
二月	卯	辰	巳	午	未	串	酉	戌	亥	子	丑	寅
三月	辰	巳	午	未	串	酉	戌	亥	子	丑	寅	卯
四月	巳	午	未	串	酉	戌	亥	子	丑	寅	卯	辰
五月	午	未	串	酉	戌	亥	子	丑	寅	卯	辰	巳
六月	未	串	酉	戌	亥	子	丑	寅	卯	辰	巳	午
七月	串	酉	戌	亥	子	丑	寅	卯	辰	巳	午	未
八月	酉	戌	亥	子	丑	寅	卯	辰	巳	午	未	串
九月	戌	亥	子	丑	寅	卯	辰	巳	午	未	串	酉
十月	亥	子	丑	寅	卯	辰	巳	午	未	串	酉	戌
十一月	子	丑	寅	卯	辰	巳	午	未	串	酉	戌	亥
十二月	丑	寅	卯	辰	巳	午	未	串	酉	戌	亥	子

但是，如果以此來檢驗曆日，只有正月建寅多數沒錯，極少數的是每月的開頭幾天沒錯，寫著寫著就錯了。這樣，我也就不敢肯定我的想法了。後來看《小學紺珠》弓|《漢書・王莽傳》「以戊辰直定」（原

註：於建除之次，其日當定），「十一月壬子直建，冬至」（師古注曰：「壬子之日冬至，而其日當建」），豁然開朗，用以對照我所列的表，完全正確。[17]敦煌曆日建除的錯誤最多，可能是制曆者沒有弄清建除直日法，只知挨著往下排列而致誤。這一點，我也是從他們的錯誤中得出的結論。

煌曆日的考證，對於行家來說，可能不是什麼學問，但對我來說，幾年來實在是飽嘗了治學的艱辛和甘甜。現在，有些項目我可以給殘曆補缺，有了一點「自由」了。

1983 年 7 月 6 日初稿於敦煌

（原載《1983 年全國敦煌學術討論會文集‧
文史遺書編》上冊，甘肅人民出版社，1987 年）

17　文中有關建除的弓文，均轉弓自《小學紺珠》卷一。

表1

干支建寅 月序	正月	二月	三月	四月	五月	六月	七月	八月	九月	十月	十一月	十二月
丙	丙	丁	戊	己	庚	辛	壬	癸	甲	乙	丙	丁
寅	寅	戊	辰	巳	午	未	申	酉	戌	亥	子	丑
戊	戊	己	庚	辛	壬	癸	甲	乙	丙	丁	戊	己
寅	寅	卯	辰	巳	午	未	申	酉	戌	亥	子	丑
庚	庚	辛	壬	癸	甲	乙	丙	丁	戊	己	庚	辛
寅	寅	卯	辰	巳	午	未	申	酉	戌	亥	子	丑
壬	壬	癸	甲	乙	丙	丁	戊	己	庚	辛	壬	癸
寅	寅	卯	辰	巳	午	未	申	酉	戌	亥	子	丑
甲	甲	乙	丙	丁	戊	己	庚	辛	壬	癸	甲	乙
寅	寅	卯	辰	巳	午	未	申	酉	戌	亥	子	丑

表 2　從敦煌曆正月建寅和月起九宮推算公元年代表

建寅	甲寅			壬寅			庚寅			戊寅			丙寅		
九宮	二黑	八白	五黃	五黃	二黑	八白	八白	五黃	二黑	二黑	八白	五黃	五黃	二黑	八白
公元	783	793	788	782	792	787	781	791	786	795	790	785	794	789	784
	798	808	803	797	807	802	796	806	801	810	805	800	809	804	799
	813	823	818	812	822	817	811	821	816	825	820	815	824	819	814
	828	838	833	827	837	832	826	836	831	840	835	830	839	834	829
	843	853	848	842	852	847	841	851	846	855	850	845	854	849	844
	858	868	863	857	867	862	856	866	861	870	865	860	869	864	859
	873	883	878	872	882	877	871	881	876	885	880	875	884	879	874
	888	898	893	887	897	892	886	896	891	900	895	890	899	894	889
	903	913	908	902	912	907	901	911	906	915	910	905	914	909	904
	918	928	923	917	927	922	916	926	921	930	925	920	929	924	919
	933	943	938	932	942	937	931	941	936	945	940	935	944	939	934
	948	958	953	947	957	952	946	956	951	960	955	950	959	954	949
	963	973	968	962	972	967	961	971	966	975	970	965	974	969	964
	978	988	983	977	987	982	976	986	981	990	985	980	989	984	979
	993		998	992	1002	997	991	1001	996		1000	995		999	994

備註：1. 時間從敦煌陷蕃（781）到 1002 年曹延祿被害。2. 此表經與絕對年代的曆日驗對，完全無誤

表 3　六十甲子推年九宮表

九宮							
九紫	丙辰	丁未	戊戌	己丑	庚辰	辛未	
八白	丁巳	戊申	己亥	庚寅	辛巳	壬申	
七赤	戊午	己酉	庚子	辛卯	壬午	癸酉	
六白	己未	庚戌	辛丑	壬辰	癸未	甲戌	乙丑
五黃	庚申	辛亥	壬寅	癸巳	甲申	乙亥	丙寅
四綠	辛酉	壬子	癸卯	甲午	乙酉	丙子	丁卯
三碧	壬戌	癸丑	甲辰	乙未	丙戌	丁丑	戊辰
二黑	癸亥	甲寅	乙巳	丙申	丁亥	戊寅	己巳
一白	甲子	乙卯	丙午	丁酉	戊子	己卯	庚午

表 4　三元甲子推年九宮表

上元甲子	一白	九紫	八白	七赤	六白	五黃	四綠	三碧	二黑
中元甲子	四綠	三碧	二黑	一白	九紫	八白	七赤	六白	五黃
下元甲子	七赤	六白	五黃	四綠	三碧	二黑	一白	九紫	八白
相應的紀年干支	甲子	乙丑	丙寅	丁卯	戊辰	己巳	庚午	辛未	壬申
	癸酉	甲戌	乙亥	丙子	丁丑	戊寅	己卯	庚辰	辛巳
	壬午	癸未	甲申	乙酉	丙戌	丁亥	戊子	己丑	庚寅
	辛卯	壬辰	癸巳	甲午	乙未	丙申	丁酉	戊戌	己亥
	庚子	辛丑	壬寅	癸卯	甲辰	乙巳	丙午	丁未	戊申
	己酉	庚戌	辛亥	壬子	癸丑	甲寅	乙卯	丙辰	丁巳
	戊午	己未	庚申	辛酉	壬戌	癸亥			

表5　P.3555《梁貞明八年（922）壬午歲具注歷日》比較表

月序	中原曆		敦煌曆		二歷相差天數	備注
	月建大小	日支朔干	月建大小	日支朔干		
正月	大		小			①此件下半截殘，五月廿六日以後全缺。②蜜日合。③貞明只七年，八年實為龍德二年。④括弧內的字，依殘歷提供的條件而推算所得。下同。
二月	小		（大）	（辛亥）	敦早1	
三月	大	辛巳	大	辛巳		
四月	小		（小）			
五月	大	庚辰	大	庚辰		
六月	小	賊	小	（庚戌）		
七月	小	己卯		（己卯）		
八月						
九月						
十月						
十一月						
十二月						

表6　P.3247《同光四年（926）丙戌歲具注歷日》比較表

月序	中原曆		敦煌曆		二歷相差天數	備注
	月建大小	日支朔干	月建大小	日支朔干		
正月	大	戊午	小	己丑	敦遲1	①中原曆上年閏十二月。②原卷只存正月至七、八兩月的廿一日（因雙欄書寫）。③蜜日合。
一月			正小閏月	戊午		
二月	小	戊子	大	丁亥	敦早1	
三月	大	丁巳	小	丁巳		
四月	小	丁亥	大	丙戌	敦早1	
五月	大	丙辰	小	丙辰		
六月	小	丙戌	小	乙酉	敦早1	
七月	大	乙卯	大	甲寅	敦早1	
八月	大	乙酉	小	甲申	敦早1	
九月	小	乙卯	大	（癸丑）	敦早2	
十月	大	甲申	大	（癸未）	敦早1	
十一月	大	甲寅	小	（癸丑）	敦早1	
十二月	小	甲申	大	（壬午）	敦早2	

表7 S.0095《顯德三年（956）丙辰歲具注歷日》比較表

月序	中原曆		敦煌曆		二歷相差天數	備注
	月建大小	日支朔干	月建大小	日支朔干		
正月	小	乙未	小	甲午	敦早1	①此卷頭尾俱全。②蜜日合。
二月	大	甲子	大	癸亥	敦早1	
三月	小	甲午	大	癸巳	敦早1	
四月	小	癸亥	小	癸亥		
五月	大	壬辰	大	壬辰		
六月	小	壬戌	小	壬戌		
七月	小	辛卯	大	辛卯		
八月	大	庚申	小	辛酉	敦遲1	
九月	大	庚寅	小	庚寅		
十月	小	庚申	大	己未	敦早1	
十一月	大	己丑	小	己丑		
十二月	大	己未	大	戊午	敦早1	

表 8　P.2623《顯德六年（959）己未歲具注歷日》比較表

月序	中原曆		敦煌曆		二歷相差天數	備注
	月建大小	日支朔干	月建大小	日支朔干		
正月	小	丁未	大	丁未		①此卷有頭無尾，歷日保存正月一至三日。 ②來年正月兩歷同為「辛丑朔」。 ③蜜日合。
二月	大	丙子	小	（丁丑）	敦早 1	
三月	大	丙午	大	（丙午）		
四月	小	丙子	小	（丙子）		
五月	大	乙巳	小	（乙巳）		
六月	小	乙亥	大	（甲戌）	敦早 1	
七月	大	甲辰	小	（甲辰）		
八月	小	甲戌	大	（癸酉）	敦早 1	
九月	大	癸卯	大	（癸卯）		
十月	小	癸酉	小	（癸酉）	敦早 1	
十一月	大	壬寅	大	（壬寅）		
十二月	小	壬申	小	（壬申）	敦早 1	

表9　S.6886v《太平興國六年（981）辛巳歲具注歷日》比較表

月序	中原曆		敦煌曆		二歷相差天數	備注
	月建大小	日支朔干	月建大小	日支朔干		
正月	小	庚子	大	己亥	敦早1	①此卷頭尾俱全。②原卷七月十九日以後紀日干支錯了兩天，原抄寫者只把七月份的改了，八月以後的全部未改，此表均作了改正。
二月	小	己巳	小	己巳		
三月	大	戊戌	大	戊戌		
四月	小	戊辰	小	戊辰		
五月	小	丁酉	大	丁酉		
六月	大	丙寅	小	丁卯	敦早1	
七月	小	丙申	大	丙申		
八月	大	乙丑	大	丙寅	敦早1	
九月	大	乙未	小	丙申	敦早1	
十月	大	乙丑	大	乙丑		
十一月	小	乙未	小	乙未		
十二月	大	甲子	小	甲子		

表 10　S.1473《太平興國七年（982）壬午歲具注歷日》比較表

月序	中原曆		敦煌曆		二歷相差天數	備註
	月建大小	日支朔干	月建大小	日支朔干		
正月	大	甲午	大	癸巳	敦早1	①原卷只存正月到五月一日。②蜜日合。
二月	大	甲子	小	癸亥	敦早1	
三月	小	癸巳	大	壬辰	敦早1	
四月	大	壬戌	小	壬戌		
五月	小	壬辰	大	辛卯	敦早1	
六月	小	辛酉	小	（辛酉）		
七月	大	庚寅	小	（庚寅）		
八月	小	庚申	大	（己未）	敦早1	
九月	大	己丑	小	（己丑）		
十月	大	己未	大	（戊午）	敦早1	
十一月	小	己丑	大	（戊子）	敦早1	
十二月	大	戊午	小	（戊午）		
閏十二月	大	戊子	大	丁亥	敦早1	

表 11　P.3403《雍熙三年（986）丙戌歲具注曆日》比較表

月序	中原曆		敦煌曆		二歷相差天數	備註
	月建大小	日支朔干	月建大小	日支朔干		
正月	大	庚午	小	庚午		①此卷頭尾俱全。②兩歷來年正月同為「甲子朔」。③蜜日合。
二月	小	庚子	大	己亥	敦早1	
三月	大	己巳	大	己巳		
四月	小	己亥	小	己亥		
五月	大	戊辰	小	戊辰		
六月	大	戊戌	大	丁酉	敦早1	
七月	小	戊辰	大	丁卯	敦早1	
八月	小	丁酉	小	丁酉		
九月	大	丙寅	大	丙寅		
十月	小	丙申	小	丙申		
十一月	大	乙丑	小	乙丑		
十二月	小	乙未	大	甲午	敦早1	

表 12　P.3507《淳化四年（993）癸巳歲具注歷日》比較表

月序	中原曆		敦煌曆		二歷相差天數	備注
	月建大小	日支朔干	月建大小	日支朔干		
正月	小	庚寅	小	庚寅		①原卷只存正月到三月。②兩歷來年正月均為「甲寅朔」。③蜜日合。
二月	大	己未	大	己未		
三月	大	己丑	小	己丑		
四月	小	己未	大	（戊午）	敦早1	
五月	大	戊子	大	（戊子）		
六月	小	戊午	小	（戊午）		
七月	小	丁亥	大	（丁亥）		
八月	大	丙辰	小	（丁巳）	敦遲1	
九月	小	丙戌	大	（丙戌）		
十月	大	乙卯	大	（丙辰）	敦遲1	
十一月	閏十月小	己酉	十一月小	（丙戌）	敦遲1	
	十一月大	甲寅	閏十一月大	（乙卯）	敦遲1	
十二月	大	甲申	小	（己酉）	敦遲1	

表 13 P.3900《唐元和四年（809）己丑歲具注曆日》比較表

月序	中原曆		敦煌曆		二歷相差天數	備註
	月建大小	日支朔干	月建大小	日支朔干		
正月	小	戊寅	（大）	（乙卯）	敦遲 1	①正月到三月的朔日干支據北圖周字53號而得。
二月	大	丁未	（小）	（己酉）	敦遲 2	
三月	大	丁丑.	（大）	（戊寅）	敦遲 1	
	閏三月小	丁未	（四月小）	（戊申）	敦遲 1	
	四月大	丙子	閏四月小	丁丑	敦遲 1	
五月	小	丙午	大	丙午		
六月	大	乙亥	小	丙子	敦遲 1	
七月	小	乙巳	（？）	（乙巳）		
八月	大					
九月	小	甲辰				
十月	大	癸酉				
十一月	小	癸卯				
十二月	大	壬申				

表 14 P.2583《唐長慶元年（821）辛丑歲具注歷日》比較表

月序	中原曆		敦煌曆		二歷相差天數	備注
	月建大小	日支朔干	月建大小	日支朔干		
正月	大	戊戌				①原卷存二月廿八日至四月二日。②S.1686有「大蕃歲次辛丑五月丙申朔」記載，與此殘歷合。
二月	小	戊辰	（小）	戊辰		
三月	大	丁酉	大	丁酉		
四月	小	丁卯	小	丁卯		
五月	小	丙申	（？）	（丙申）		
六月	大	乙丑				
七月	小	乙未				
八月	·大	甲子				
九月	大	甲午				
十月	大	甲子				
十一月	小	甲午				
十二月	大	癸亥				

表 15 P.2765《唐大和八年（834）甲寅歲具注歷日》比較表

月序	中原曆		敦煌曆		二歷相差天數	備注
	月建大小	日支朔干	月建大小	日支朔干		
正月	小	丑癸	大	壬子	敦早1	
二月	大	壬午	大	壬午		
三月	大	壬子	小	壬子		
四月	小	壬午	大	辛巳	敦早1	
五月	小	辛亥	小	（辛亥）		
六月	大	庚辰	大	（庚辰）		
七月	小	庚戌	小	（庚戌）		
八月	大	己卯	大	（己卯）		
九月	小	己酉	小	（己酉）		
十月	小	戊寅	大	（戊寅）		
十一月	大	丁未	小	（戊申）	敦遲1	
十二月	大	丁丑	大	（丁丑）		

表 16　S.1439-2《唐大中十二年（858）戊寅歲具注歷日》比較表

月序	中原曆		敦煌曆		二歷相差天數	備注
	月建大小	日支朔干	月建大小	日支朔干		
正月	小	甲午	大	甲午		
	二月小	甲子	閏正月小	甲子		
	閏二月大	癸巳	大月二	癸巳		
三月	小	癸亥	小	癸亥		
四月	小	壬辰	大	壬辰		
五月	大	辛酉	小	壬戌	敦遲 1	
六月	小	辛卯	（？）	（辛卯）		
七月	小	申庚		（？）		
八月	大	辛丑				
九月	大	辛未				
十月	小	己丑				
十一月	大	戊午				
十二月	大	戊子				

表 17　P.3284v《唐咸通五年（864）甲申歲具注歷日》比較表

月序	中原曆		敦煌曆		二歷相差天數	備注
	月建大小	日支朔干	月建大小	日支朔干		
正月	大	戊子	大			六月「丙辰」朔系依據 S.6349 所加。
二月	小	戊午	小	餅		
三月	大	丁亥	大	孩		
四月	小	丁巳	小	丁巳	敦早1	
五月	大	丙戌	（大）	（丙戌）		
六月	小	丙辰	（？）	（丙辰）		
七月	大	乙酉				
八月	大	乙卯				
九月	小	乙酉				
十月	大	甲寅				
十一月	大	甲申				
十二月	小	甲寅				

表18　P.3292《唐光啟四年（888）戊申歲具注曆日》比較表

月序	中原曆		敦煌曆		二歷相差天數	備注
	月建大小	日支朔干	月建大小	日支朔干		
正月	大	己亥				
二月	小	己巳				
三月	大	戊戌				
四月	小	戊辰				
五月	大	丁酉				
六月	小	丁卯				
七月	大	丙申				
八月	小	丙寅				
九月	大	乙未	（小）	（丙申）	敦遲1	
十月	小	乙丑	（大）	（乙丑）		
十一月	大	甲午	（小）	乙未	敦遲1	
十二月	小	甲子	（？）	甲（子）		

表 19　羅 3《唐大順元年（890）庚戌歲具注曆日》比較表

月序	中原曆		敦煌曆		二歷相差天數	備注
	月建大小	日支朔干	月建大小	日支朔干		
正月	小	戊子				
二月	大	丁巳	大	丁巳		
三月	小	丁亥	小	（丁亥）		
四月	大	丙辰	大	（丙辰）		
五月	小	丙戌	小	（丙戌）		
六月	大	乙卯	大	（乙卯）		
七月	小	乙酉	大	（乙酉）		
八月	大	甲寅	小	（乙卯）	敦遲 1	
九月	大	甲申	大	（甲申）		
	閏九月小	甲寅	閏九月小	（甲寅）		
十月	大	癸未	（？）	（癸未）		
十一月	小	癸丑				
十二月	大	壬午				

表 20　P.4983《唐景福元年（892）壬子歲具注曆日》比較表

月序	中原曆		敦煌曆		二歷相差天數	備註
	月建大小	日支朔干	月建大小	日支朔干		
正月	大	丙午				來年正月兩歷均為「辛丑」朔。
二月	小	丙子				
三月	小	乙巳				
四月	大	甲戌				
五月	小	甲辰				
六月	大	癸酉				
七月	小	癸卯				
八月	大	壬申				
九月	大	壬寅				
十月	小	壬申				
十一月	大	辛丑	小	壬寅	敦遲1	
十二月	大	辛未	大	辛未		

表 21 P.4996+3476《唐景福二年（893）癸丑歲具注歷日》比較表

月序	中原曆		敦煌曆		二歷相差天數	備注
	月建大小	日支朔干	月建大小	日支朔干		
正月	小	丑辛	（？）	（丑辛）		據 P.4983 殘歷，推本年正月應為「辛丑」朔。
二月	大	子庚				
三月	小	庚子				
四月	大	己巳	（大）	（巳己）		
五月	小	己亥	大	己亥		
	閏五月小	戊亥	六月小	己巳	敦遲 1	
	六月大	丁酉	閏六月大	戊戌	敦遲 1	
七月	小	丁卯	大	戊辰	敦遲 1	
八月	大	丙申	小	戊戌	敦遲 2	
九月	小	丙寅	大	丁卯	敦遲 1	
十月	大	乙未	小	丁酉	敦遲 2	
十一月	大	乙丑	大	丙寅	敦遲 1	
十二月	大	乙未	小	丙申	敦遲 1	

表22　P.5548《唐乾寧二年（895）乙卯歲具注歷日》比較表

月序	中原曆		敦煌曆		二歷相差天數	備注
	月建大小	日支朔干	月建大小	日支朔干		
正月	大	乙未				中原曆來年閏正月。
二月	小	己丑				
三月	大	戊午	（小）	（己未）	敦遲1	
四月	小	戊子	（大）	（戊子）		
五月	大	丁巳	小	戊午	敦遲1	
六月	小	丁亥	（大）	（丁亥）		
七月	小	丙辰	大	丁巳	敦遲1	
八月	小	乙酉	小	丁亥	敦遲2	
九月	大	甲寅	大	丙辰	敦遲2	
十月	小	庚申	小	丙戌	敦遲2	
十一月	大	癸丑		乙卯	敦遲2	
十二月	大	癸未				

表23 P.3248《唐乾寧四年（897）丁巳歲具注曆日》比較表

月序	中原曆		敦煌曆		二歷相差天數	備注
	月建大小	日支朔干	月建大小	日支朔干		
正月	小	丁丑	（小）	（戊寅）	敦遲1	一、二兩月的朔日干支，據羅氏藏曆日補。
二月	大	丙午	（小）	（丁未）	敦遲1	
三月	大	丙子	（大）	（丙子）		
四月	小	丙午	（小）	（丙午）		
五月	大	乙亥	大	乙亥		
六月	小	乙巳	小	乙巳		
七月	大	甲戌	大	甲戌		
八月	小	甲辰	小	甲辰		
九月	大	癸酉	（？）	（酉癸）		
十月	小	癸卯				
十一月	大	壬申				
十二月	小	壬寅				

表 24　P.2506v《唐天復五年（905）乙丑歲具注歷日》比較表

月序	中原曆		敦煌曆		二歷相差天數	備注
	月建大小	日支朔干	月建大小	日支朔干		
正月	大	庚申	小	壬戌	敦遲 2	天復只四年，五年當為天祐二年。
二月	大	庚寅	大	辛卯	敦遲 1	
三月	小	庚申	（？）	辛酉	敦遲 1	
四月	大	己丑				
五月	小	己未				
六月	大	戊子				
七月	小	戊午				
八月	大	丁亥				
九月	小	丁巳				
十月	小	丙戌				
十一月	大	乙卯				
十二月	大	辛未				

表 25 P.2506v《唐天復五年（905）乙丑歲具注曆日》比較表

月序	中原曆		敦煌曆		二歷相差天數	備注
	月建大小	日支朔干	月建大小	日支朔干		
正月	小	庚子	小	辛丑	敦遲 1	
二月	大	己巳	大	（庚午）	敦遲 1	
三月	大	己亥	小	（己未）	敦遲 1	
四月	小	己巳	小	（己巳）		
五月	大	戊戌	大	（戊戌）		
六月	大	戊辰	小	（戊辰）		
七月	小	戊戌	大	（丁酉）	敦遲 1	
八月	大	丁卯	小	（丁卯）		
九月	小	丁酉	大	（丙申）	敦遲 1	
十月	小	丙寅	大	丙寅		
十一月	大	乙未	小	（丙申）	敦遲 1	
十二月	小	乙丑	大	（乙丑）		

表 26　S.0276《後唐長興四年（933）癸巳歲具注歷日》比較表

月序	中原曆		敦煌曆		二歷相差天數	備注
	月建大小	日支朔干	月建大小	日支朔干		
正月	小	戊寅				
二月	大	丁未				
三月	大	丁丑	（大）	（丁丑）		
四月	小	丁未	小	丁未		
五月	大	丙子	大	丙子		
六月	小	丙午	小	丙午		
七月	大	乙亥	（？）	丙子	敦遲 1	
八月	小	乙巳		乙巳		
九月	大	甲戌				
十月	小	甲辰				
十一月	大	癸酉				
十二月	小	癸卯				

表 27 羅 2《後晉天福四年（939）己亥歲具注歷日》比較表

月序	中原曆		敦煌曆		二歷相差天數	備注
	月建大小	日支朔干	月建大小	日支朔干		
正月	大	癸卯	（大）	（癸卯）		
二月	大	癸酉	小	癸酉		
三月	小	癸卯	（？）	（壬申）	敦早 1	
四月	大	壬申				
五月	小	壬寅				
六月	小	辛未				
七月	大	庚子				
八月	大	己亥				
九月	小	己巳				
十月	大	戊戌				
十一月	小	戊辰				
十二月	大	丁酉				
閏七月	小	庚午				

表 28　P.2591《後晉天福九年（944）甲辰歲具注歷日》比較表

月序	中原曆		敦煌曆		二歷相差天數	備注
	月建大小	日支朔干	月建大小	日支朔干		
正月	大	甲戌				
二月	小	甲辰				
三月	大	癸酉				
四月	小	癸卯	（大）	（癸卯）		
五月	小	壬申	小	癸酉	敦遲1	
六月	大	辛丑	大	壬寅	敦遲1	
七月	大	辛未	（？）	（壬申）	敦遲1	
八月	小	辛丑				
九月	大	庚午				
十月	大	庚子				
十一月	大	庚午				
十二月	大	己亥				
	閏十二月小	己巳				

表29 S.068-2《後晉開運二年（945）乙巳歲具注歷日》比較表

月序	中原曆		敦煌曆		二歷相差天數	備注
	月建大小	日支朔干	月建大小	日支朔干		
正月	大	戊戌	大	戊戌		
二月	小	戊辰	小	戊辰		
三月	小	丁酉	小	（丁酉）		
四月	大	己巳	大	（己巳）		
五月	小	丙申	小	（丙申）		
六月	大	乙丑	大	（乙丑）		
七月	小	乙未	大	（乙未）		
八月	大	甲子	（？）	（乙丑）	敦遲1	
九月	大	甲午				
十月	大	甲子				
十一月	小	甲午				
十二月	大	癸亥				

表 30　S.3824-3《宋開寶二年（969）己巳歲具注歷日》比較表

月序	中原曆		敦煌曆		二歷相差天數	備注
	月建大小	日支朔干	月建大小	日支朔干		
正月	小	己卯				根據慣例，中原曆閏五月，敦煌曆可能閏六月。
二月	大	戊申				
三月	大	戊寅				
四月	小	戊申				
五月	大	丁丑	大	（丁丑）		
	閏五月小	丁未	六月大	丁未		
	六月大	丙子	（閏六月？）	丙子		
七月	大	丙午			1	
八月	小	丙子				
九月	大	乙巳				
十月	小	乙亥				
十一月	大	甲辰				
十二月	小	甲戌				

表31　P.2705《未端拱二年（989）己丑歲具注歷日》比較表

月序	中原曆		敦煌曆		二歷相差天數	備注
	月建大小	日支朔干	月建大小	日支朔干		
正月	小	癸未				
二月	大	壬子				
三月	小	壬午				
四月	小	辛亥				
五月	大	庚辰				
六月	小	庚戌				
七月	大	己卯				
八月	大	己酉				
九月	大	己卯				
十月	小	己酉	（大）	（己酉）		
十一月	大	戊寅	大	己卯	敦遲1	
十二月	大	申戌	小	己酉	敦遲1	

三界寺・道真・敦煌藏經

一、三界寺

　　三界寺建於何時，到目前為止，尚未查到明確記載，因此研究者們只能作一些推測。有絕對年代題記的資料，最早為 S.1824《受十戒文》題記：「光啟四年（888）戊申五月八日三界寺比丘僧法信於城東索使君佛堂頭寫記，丁卯年（天祐四年，即 907 年）後正月（此乃敦煌曆，中原天祐三年置閏，閏十二月，與敦煌曆正好差一個月）十四日寫《受十戒文》卷。福岩記之。」敦煌文獻中最晚為 S.4915，時間為雍熙四年（987）。天禧三年，敦煌 9 寺 26 人結社在莫高窟建造一塔，造塔記提到三界寺僧善惠、法盈參與了這次活動。

　　有關三界寺的敦煌寫經，能確定的有 91 件。其卷號為 S.0093，0173、0296、0330、0347、0375、0528、0532、0707、1183、1364、1587、1635、1824、2129、2448、2566、2614-2、3147、3565、3624、3755、3788、4115、4160、4378 －2、4504、4844、4861、4864、4868、4869、4876、4915、4916、5313、5448、5663、5855、5892、

6191、6225；P.2097、21302、2161、2193、2233、2836、2930、2994、3010、3051、3121、3140、3143、3189、3203、3206、3207、3238、3320、3336、3352、3367、3392、3398、3414、3439、3455、3482、3483、3582、3706v、3917a、4518-19、4611、4779、4959、5568；北圖地 12、柰 88、余 18、雨 63、咸 75、黃 11、服 30v、續 0329；敦研0345、0322；上圖 086；津 194（詳見附錄一《關於三界寺的資料》）。

這些寫經歸納起來有這樣幾方面：

1. 與地方統治者關係。S.0707《孝經》。其後有題記：「同光三年（925）乙酉歲十月日三界寺學仕郎郎君曹元深寫記。」S.3565 為曹元忠佈施疏，文曰：「弟子歸義軍節度使檢校太保曹元忠，與衙內龍樓上，開龍興、靈圖（旁註「請大德九人」）二寺大藏經一變，啟揚鴻願，設齋功德疏：施紅錦壹匹，新造經帙貳拾壹個，充龍興寺經襯。樓綾機壹匹，經帙拾個，充靈圖寺經襯。生絹壹匹，經帙拾伍個，充三界寺經帙。馬壹匹充見前僧□。」曹元深曾是三界寺的學仕郎，曹元忠給三界寺佈施，說明五代時期敦煌的統治者與三界寺關係密切。

2. 三界寺藏經印。寫經的首部或尾部蓋有「三界寺」藏經印的共15 件。這當然遠遠不是三界寺藏經的全部。因為：這 15 個印，集中在《大般涅槃經》《大般若波羅蜜多經》兩部經上，三界寺絕對不止這兩部經；長興五年（934）該寺比丘道真曾發起「尋訪古壞經文，收入寺中，修補頭尾」的活動，當時三界寺就有佛經166 種（詳後）。

3. 授戒牒。有 25 件，授戒師大多數是道真，有的還有道真的署名（有的是親筆簽名），即使沒有署名，從時間上看，授戒師也只能是道真。

4. 寺學。三界寺有寺學，該寺學仕郎抄寫有《孝經》《詠孝經》《蘇武李陵往還書》《開蒙要訓》，共 4 件。

　　5. 道真。該寺道真受持的佛經、編制的目錄、抄寫的文獻、發佈的告示等 20 件。如果加上道真為授戒師的戒牒 25 件（33 通），共計 45 件，那麼，在有關三界寺的 88 件敦煌遺書中，直接與道真有關的就占半數以上。

　　6. 其他較重要的寫卷。反映三界寺日常生活的文書有 22 件，其中比較重要的有：S.1824《受十戒文》（有光啟四年即 888 年題記），P.3051《頻婆娑羅王后宮采女功德意供養塔生天因緣變》，P.3352 榜書底稿（背為三界寺賬目）等。

二、道真

　　道真俗姓張，19 歲時已是三界寺的沙門。北圖奈 88《佛名經》題記：「沙門道真修此經，年十九，俗姓張氏。」該件紙背騎縫處有「三界寺道真念」[1]。道真的生卒年代不詳，有絕對年代的記載，最早為五代後唐長興五年（934）（見敦研 0345《三界寺應有藏內經論目錄》和北圖續 0329《三界寺見一切入藏經目錄》），最晚為 S.4915 宋雍熙四年（987）的《南贍部洲大宋國沙州三界寺授菩薩戒牒》。這就是説，有絕對年代的記載已告訴我們，道真在三界寺生活了 53 年，他把畢生精力獻給了三界寺。即使假設上引北圖奈 88《佛名經》題記「沙門道真修此經，年十九」為長興五年，即 934 年，他至少活了 72 歲。道真其人，名不見經傳，其事蹟全賴敦煌藏經洞出土的敦煌遺書而得知。有關道真的敦煌寫經，現在能確定的有 52 件，卷號是：S.0330、0347、

1　許國霖：《敦煌石室寫經題記與敦煌雜錄》將道真誤錄為道貞，黃永武《敦煌叢刊初　　集》第 10 冊，新文豐出版公司 1985 年版，第 27 頁。陳垣《敦煌劫餘錄》錄為道真，　　是。

0532、1183、1635、2448、2635、3147、3452、4115、4160、4844、4915、5313、5448、5663、6191、6225；P.2130、2161、2193、2270、2340v、2641、2836、2930、2994、3140、3143、3203、3206、3207、3238、3320、3392、3414、3439、3455、3482、3483、3917－1、4712、4959；北圖余 18、柰 88、咸 75、服 30v、張 62、續 0329；敦研 0345、0322；台北 124。另有莫高窟第 108 窟前室題記一條（詳見附錄二《關於道真的資料》）。

　　道真的結銜，最常見的是比丘、沙門。從我們已知道的寫經題記來看，自從長興五年（934）他發起「尋訪古壞經文，收入寺中，修補頭尾，流傳於世」以後，935 年就已是「修大般若經兼內道場課念沙門」；據敦研 0322《辛亥年（951）臘八燃燈分配窟龕名數》，該年道真已是釋門僧政；964 年為授戒師主釋門僧政賜紫沙門。但後來的戒牒只題「授戒師主沙門道真」，或僅題「比丘道真」，可見其人只做實事而不圖虛名。S.0532《南贍部洲娑婆世界沙州三界寺授八關齋戒牒》是年代最晚的一份戒牒（987 年），結銜為傳戒師主都僧錄大師賜紫沙門。P.3917-1《中論》卷一末尾有題記而無紀年，文曰：「三界寺律大德沙門道真念已。」律大德和授戒師主的身分是一致的，應該說在擔任授戒師之前就已經是律大德，而道真擔任授戒師的最早記載為宋乾德二年（964），也就是說，964 年以前道真已是律大德。

　　道真的事蹟，主要有以下幾項：

　　作為授戒師，道真為不少信徒授戒並頒發了戒牒，僅保存下來的有他署名的就有 33 通。日本學者小川貫貳《關於敦煌的戒牒》一文附有《沙州三界寺道真授與的戒牒年譜》也收入了 33 通，但稍有出入。他收入了散 0212、散 0215，我沒有收，因為這是李盛鐸之物，現在在何方不得而知。我收人的 P.3320 和 P.3439 中的第 3 件，小川先生未

收[2]。戒牒有五戒牒、八戒牒（亦叫八關齋戒牒）、菩薩戒牒，還有罕見
的三戒牒、千佛大戒牒。值得注意的是，保存下來的這些戒牒，受戒
者都是在家的善男信女，可見道真當時作為僧政，很注意推廣民間信
仰，對敦煌的世俗信仰起了很大的作用。

　　道真簽發的《辛亥年臘八燃燈分配窟龕名數》，為我們保存了研究
莫高窟窟龕分佈及佛事活動的絕好資料。金維諾先生、吳曼公先生及
敦煌研究院敦煌遺書研究所的馬德同志對此件已有較深人的研究[3]，尤
其是通過此件考證石窟分佈和某些石窟的名字，收穫不少，恕不贅述。

　　道真為我們保存了十分重要的研究敦煌的資料《敦煌錄》。遺憾的
是，筆者至今沒有機會看到原件，這裡介紹的是從縮微膠捲上見到的
情況：S.5448 為小冊子，第 1 頁上寫著「敦煌錄一本」「道真」「道真」
「道真」。道真的名字是道真的手筆，與其他文書中道真的簽名一致。
敦煌的「敦」為火字旁，「敦煌錄一本」5 字疑為當年斯坦因的「助手」
蔣孝琬的手筆，與斯坦因劫經中屢屢可見的蔣孝琬的字跡完全相同，
是蔣孝琬幫助斯坦因整理所得敦煌文獻時寫上去的。現存的《敦煌錄》
始於「效谷城……」似乎不是文章的起首，因而應該稱其為「前缺」。
尾部題曰「敦煌錄一卷」。《敦煌錄》的作者是否為道真，尚待研究，
上面寫了三個「道真」，說明是道真的本子，因而説《敦煌錄》賴道真

2　小川貫貳：《敦煌的戒牒》，龍谷大學史學會編《龍谷史壇》73、74 號合刊本，1973
　年。

3　金維諾：《敦煌窟龕名數考》，《文物》1959 年第 5 期。吳曼公：《敦煌石室臘八燃燈
　分配窟龕名數》，《文物》1959 年第 5 期。馬德：《吳和尚・吳和尚窟・吳家窟——
　〈臘八燃燈分配窟龕名數〉叢識之一》，《敦煌研究》1987 年第 3 期。馬德：《靈圖
　寺・靈圖寺窟及其他——〈臘八燃燈分配窟龕名數〉叢識之二》，《敦煌研究》1989
　年第 2 期。馬德：《都僧統之「家窟」及其營建——〈臘八燃燈分配窟龕名數〉叢識
　之三》，《敦煌研究》1989 年第 4 期。孫修身：《敦煌石室〈臘八燃燈分配窟龕名數〉
　寫作年代考》，《絲路訪古》，甘肅人民出版社 1983 年版，第 209—215 頁。

而保存到今天，是千真萬確的。《敦煌錄》引用的人很多，錄文也不止一種，雖各有所長，但都不無遺憾。校錄容後再作。現將我在前人基礎上所作的錄文迻錄於下，以期便於研究者應用：

效谷城本是漁澤，漢孝帝時崔不意教人力田得谷，因名，後為縣。

貳師泉去沙州城東三程。漢時李廣利軍行渴乏，祝山神以劍札山，因之水下，流向西數十里黃草泊，後有將渴甚，飲水泉側而終，水遂不流，只及平地，後來若人多即水多，若人少即水少，若郡眾大唉，水則猛下，至今如然。其二師廟在路旁，久廢，但有積石駝馬，行人祈福之所。次東入瓜州界。

州南有莫高窟，去州二十五里，中過石磧帶，山坡至彼斗（陡）下谷中，其東即三危山，西即鳴沙山，中有自南流水，名之宕泉。古寺僧舍絕多，亦有洪鐘。其谷南北兩頭有天王堂及神祠，壁畫吐蕃贊普部從。其山西壁南北二里，並是鐫鑿高大沙窟，塑畫佛像，每窟動計費稅百萬。前設樓閣數層，有大像堂殿，其像長一百六十尺，其小龕無數，悉有虛檻通連巡禮遊覽之景。

次南山有觀音菩薩曾現之處，郡人每詣彼，必徒行來往，其恭敬如是。

鳴沙山去州十里，其山東西八十里，南北四十里，高處五百尺，悉純沙聚起。此山神異，峰如削成。其間有井，沙不能蔽，盛夏自鳴，人馬踐之，聲振數十里。風俗端午日，城中士女皆躋高峰，一齊壓下，其沙聲吼如雷，至曉看之，峭崿如舊。古號鳴沙，神沙而祠

焉。近南有甘泉，自沙山南，其上源出大雪山，於西南壽昌縣界入敦煌，以其沃潤之功，俗號甘泉。

金鞍山在沙山西南，經夏常有雪。山中有神祠甚靈，人不敢近。每歲士主望祀，獻駿馬驅入山中，稍近，立致雷電風雹之患。

州西南有李先王廟，即西涼昭王先世之廟。乾封年，廟側得瑞石，其色翠碧，有赤文古字云：「卜世三十，卜年七百。」今人呼為李廟。

州西有陽關，即故玉門關，因沙州刺使（史）陽明詔追拒命，奔出此關，後人呼為陽關。接鄯善城，險阻乏水草，不通人行，其關後移州東。

城西八十五里有玉女泉，人傳頗有靈，每歲此郡率童男女各一人，充祭湫神，年則順成，不爾損苗。父母雖苦生離，兒女為神所錄，歡然攜手而沒。神龍中，刺史張孝嵩下車，求郡人告之，太守怒曰：「豈有川原妖怪害我生靈！」遂設壇，備牲泉側，曰：「願見本身欲親享。」神乃化為一龍，從水而出，太守應弦，中喉拔劍斬首，親詣闕進上。玄宗嘉稱再三，遂賜龍舌，敕號龍舌張氏，編在簡書。

郡城西北一里有寺，古木陰森，中有小堡，上設廊殿，具體而微，先有沙□張球，已邁從心，寓止於此。雖非博學，亦甚苦心，蓋經亂年多，習業人少，遂集後進，以闡大猷，天不遺，民受其賜。

石膏山在州北二百五十六里烏山峰，山石間出其膏，開皇十九年烏山變白，中驗不靈，遣道士皇甫德琮等七人祭醮，自後望如雪峰。

河倉城，州西北二百三十里，古時軍儲在彼。長城在州北，其城六十三里，正西入磧，前漢所置，北入伊州界。

敦煌錄一卷

道真最大的功績是由他發起的「尋訪古壞經文」「修補頭尾」，並進而引起敦煌各寺院清理佛經、補寫佛經以及向中原「請經」。作為發起者，作為僧政，道真身體力行，兢兢業業地給三界寺修經、寫經、施供器法器、造劉薩訶和尚像。

S.5663《中論》卷二題記：

乙未年正月十五日三界寺修《大般若經》兼內道場課念沙門道真，兼條諸經十一部，兼寫《報恩經》一部，兼寫《大佛名經》一部，道真發心造大般若（經）帙六十個，並是錦緋綿綾俱全。造銀番（幡）伍拾口，並施入三界寺。銅令（鈴）香盧（爐）壹，香樏壹，施入三界寺。道真造劉薩訶和尚，施入番（幡）二七口，銅令（鈴）香盧（爐）壹，香樏，花氈壹。已上施入，和尚永為供養。道真修《大般若》壹部，修諸經十三部，番（幡）二七口，銅令（鈴）香盧（爐）壹，香樏壹，經案壹，經藏一口，經布一條，花氈壹，以上施入經藏供養。

題記的紀年為「乙未」，而道真經歷的「乙未」只能是935年。
前一年，也就是長興五年（934），他發起「尋訪古壞經文，收人

寺中，修補頭尾，流傳於世」，第二年（乙未）就完成了上引「兼條修
諸經十一部，兼寫《報恩經》一部，兼寫《大佛名經》一部」，「修《大
般若》壹部，修諸經十三部」。僅《大般若波羅蜜多經》一部就是 600
卷，光是修補頭尾的工作量就相當大，何況還要新寫大部頭的《大方
便佛報恩經》和《佛名經》呢。沒有兢兢業業、廢寢忘食的精神是根
本辦不到的。至於題記中說到的造法器及劉薩訶和尚等，孫修身先生
已有文章論及[4]，筆者認為題記只說「道真造劉薩訶和尚」一句，只知
道道真「造劉薩訶和尚」而已，姑且存而不論。

三、敦煌藏經

在敦煌寫經中，有將近 90 件是與敦煌藏經有關的佛經目錄。其卷
號　為 S.0375、0476、0817、1364、1519-2、2140、2142、2447、2872、
3522、3538-2、3565、3607、3624、4447、4627、4640、4665、4686、
4688、4900、5002-2、5045、5046、5523、5525、5676、5782、5895、
5925、5943、5982、5985、5991、5995、6039、6055、6069、6135、
6200、6225、6314；P.2472、2722、2726、2727、2840、2987、3010、
3060、3138、3150、3187、3188、3202、3279-2、3302、3337、3406、
3432、3444、3459、3543、3654、3851、3852、3853、3854、3855、
3869、3948、3986、4000、4039、4607、4611、4664、4668、4741、
4754、4779、4786、4962、5586；敦研 0345；北圖續 0329、文 54、收
94。這些只是與敦煌藏經有關的目錄，而不包括中國歷史上形成的《眾
經目錄》《開元釋教錄》等。這些目錄，如果歸納一下，大致有這樣幾

4　孫修身：《敦煌三界寺》，《甘肅省史學會論文集》，1982 年。

方面：

1. 道真發起的三界寺幾次佛經清理，卷號有敦研 0345、北圖續 0329、S.3624。S.3624 只存 25 行，共錄佛經 21 種。北圖續 0329 存 188 行，共錄佛典 171 種，有長興五年（934）的發願文。敦研 0345 存 196 行（包括背面 2 行），收錄了 166 種佛典，經目中間有題記，文曰：

長興五年歲次甲午六月十五日，弟子三界寺比丘道真乃見當寺藏內經論部（帙）不全，遂乃啟顙虔誠，誓發宏願。謹於諸家函藏尋訪古壞經文收入寺，修補頭尾，流傳於世，光飾玄門，萬代千秋永充供養，願使龍天八部護衛神沙，梵釋四王永安蓮塞，城隍泰樂，社稷延昌，府主大王常臻寶位，先亡姻眷超騰會遇於龍華，見在宗枝寵祿長沾於親族。應有藏內經論見為目錄。

以上三種目錄雖同為一件事，但正好是道真發願「尋訪古壞經文，收入寺中，修補頭尾，流傳於世」這一活動的三個階段，即：敦研 0345 是第一步，清理登記了三界寺本寺所藏經卷，因為發願文的最後一句說得很清楚——「應有藏內經論見為目錄」。此卷的最後有「此錄不定」4 字，也是一個很好的說明。北圖續 0329 是第二步，即道真所說的「尋訪古壞經文，收入寺中」之後所進行的登錄，因而道真在發願文中除了修改個別字以外，最後一句的行文明確——「應有所得經論，見為目錄，具數如後」，不是以前的「藏內經論」，而是「所得經論」。這個目錄，儘管是殘卷，但還是能反映出「尋訪」的成績：600 卷的《大般若波羅蜜多經》下注一「全」字，說明已經收全，這是件了不起的工程（詳後）；在得到前一目錄中沒有的許多經中，《金字菩薩戒》1 本、《銀字大佛名》1 卷、官寫《大佛名經》1 部 18 卷，很引

人注意，前二經不易得，後一經的入藏，正說明貞明六年（920）曹家「敬寫」了「《大佛名經》188 卷」，所以三界寺能得到「官寫」的佛名經。S.3624 是最後的膽抄本，格式統一，字跡規整，可惜只有 20 幾行。

2. 向中原求經的目錄。敦煌向中原求經，五代、宋時期的正史上不乏記載，但可能與藏經洞有關的，僅至道元年（995）曹延祿派使者向宋朝「求賜予新譯諸經」那一次。從我此次清理目錄情況來看，張氏時代，官府曾有一次向朝廷請經，似乎正史沒有記載。P.4962V 有這樣幾句話：

> 准數分析奏聞
> 陷蕃多年，經本缺落，伏乞
> 宣賜，兼降宣命，詔當道在朝（下缺）

在「當道」二字旁邊有小字注「先請經僧正」，說明在此之前已有一位僧正先行到達中原。從「陷蕃多年」幾字可以推測出此事在張議潮收復河西以後不久，可惜目前還不能確定哪些卷號的目錄與此有關。曹氏時代，現在能肯定的向中原求經的目錄有S.2140、3607、4640，P.3851、4607。這五個卷子放在一起排比，正好又反映了一件事情的首尾：

P.4607 只有五行，經目只有一行，全文逐錄於下：

> 沙州藏內部帙中遺失經律論數目，今於上都求覓，唯願信心上人同沙州藏內部帙中現有失卻經律論捲軸，無可尋覓，比欲上都求乞者《法集經》一部六卷或八卷（元魏天竺三藏菩提留支譯，一百六十七

紙）需求八卷西來也。

　　上錄括弧內的文字為雙行小字注（下同）。這件是沒寫幾行就作廢的底稿。S.2140 是初稿，為便於說明問題，此件須全文照錄：

　　沙州先得帝王恩賜藏教，即今遺失舊本，無可尋覓，欠數卻於上都乞求者：《法集經》一部六卷（有）或八卷（無，一百二十七紙），《央崛魔羅經》一部四卷（七十八紙），《大乘造像功德經》一部二卷（三十一紙），《造塔功德經》一部一卷（二紙），《菩薩內習六波羅蜜》一部一卷（三紙），《優波塞戒經》一部七卷（一百三十一紙），《菩薩戒羯磨》一部一卷（七紙），《大乘阿毗達摩集論》一部七卷（無著菩薩造，一百三十紙），《大乘法界無差別論》一部一卷（六紙），《小乘樓炭經》一部六卷（西晉沙門釋法立、法炬譯，一百三紙），《廣義法門經》一部一卷（陳天竺三藏真諦譯，九紙），《根本說一切有部毗奈耶雜事》一部四十捲（六百四十四紙），《根本說一切有部戒經》一部一卷（二十五紙），《四分僧戒》一部一卷（二十三紙），《解脫戒本》一部一卷（二十二紙），《沙彌十戒法並儀》一部一卷（二十一紙），《根本說一切有部百一羯磨》一部十卷（一百四十六紙），《四分雜羯磨》一部一卷（四十紙），《四分僧羯磨》一部三卷（八十紙），《五百問事經》一部一卷（三十三紙），《根本薩婆多部律攝》一部二十捲（尊者勝友集，二百七十七紙），《大乘修行菩薩行門諸經要集》一部三卷（八十一紙），《菩薩善戒經》九卷或十捲（三十品，一百八十紙），《菩薩戒本》一部一卷（出《地戒品》中，慈氏菩薩說，十紙）。

　　上件所欠經律論本，蓋為邊方邑眾，佛法難聞，而又遺失於教

言，何以得安於人物？切望中國壇越慈濟乞心，使中外之藏教俱全遣來，今之凡夫轉讀，便是受佛付囑，傳授教敕，得法久住世間矣。

上引文字可以分為前言、佛經目錄、後語三部分，即：從第 1 行的「沙州先得」到「上都乞求者」為前言，然後是「《法集經》一部六卷」等為佛經目錄，最後為後語。

S. 4640 是第二稿，亦是三部分：前言、佛經目錄、後語。前言稍不同，文曰：「沙州先於帝王請得藏經，自後遺失舊本，無可尋覓，今卻入朝國求乞欠數者。」改動後的前言，文字比初稿通順，但把「上都」改成「朝國」卻有點費解。佛經目錄部分，經名、次序都與初稿一致，唯在一些經的旁邊注「罷卻」二字，其罷卻的佛經有《法集經》《央崛魔羅經》《大乘造像功德經》《造塔功德經》《菩薩內習六波羅蜜經》《菩薩善戒經》《菩薩戒本》（兩種）《菩薩戒羯磨文》《大乘法界無差別》《廣義法門經》《根本說一切有部戒經》《四分僧戒本》《解脫戒本》《沙彌十戒法並威儀》《根本說一切有部百一羯磨》《四分律羯磨》《五百問事經》。後語部分（寫於此件背面）亦有較多改動，文曰：

上件所欠經律論本者，蓋為邊方人眾，佛法難聞，中國諸賢，能滿乞願，惟望十信壇越，一切好心，隨喜寫之，所欠教言，普使傳之，邊人轉讀，亦是受佛教敕，付囑傳授，令法久住世間矣。

這一改動，目的明確，是請「中國諸賢（施主）」「隨喜寫之」，而不是無目的地「俱全遣來」。從行文來看，初稿寄希望於朝廷或官府，現在寄希望於施主。可以看出，這是經過慎重考慮之後比較實際的想法。

P.3851 是第三稿，全文如下：

沙州准目錄欠藏經數：

《優婆塞戒經》一部七卷（切要求覓來也——旁註，下同）（一百三十一紙），《大乘阿毗達摩集論》一部七卷（無著菩薩造，一百三十七紙），《小乘樓炭經》一部六卷（一百三紙），《根本說一切有部毗奈耶雜事》一部四十捲（切要求覓來也）（六百四十四紙），《沙彌十戒法並威儀》一部一卷（二十一紙），《四分雜羯磨》一部一卷（四十紙），《根本薩婆多部律攝》（切要求覓來也）一部二十捲（尊者勝友集，二百七十七紙），《大乘修行菩薩行門諸經要集》一部三卷（八十一紙）。

上件所欠經律論本者，蓋為邊方人眾，佛法難聞，中國諸賢，能滿乞願，切望十信壇越，一切好心，隨喜寫之。所欠教言，普使傳之，邊人轉讀，亦是受佛教敕，付囑傳授，令法久住世間矣。（如或寫者，切須三校，不請有留錯字也。）

第三稿的佛經目錄，除《沙彌十戒法並威儀》可能有錯外，正好是第二稿「罷卻」以後所要向中原「乞求」的。此稿的前言，不再申述理由，而後語則加了一個註：「如或寫者，切須三校，不請留有錯字也。」這一句話，不僅反映了當時佛經抄寫的校勘制度——務必三校，而且反映了沙州當時對此事的認真，可以說是誠惶誠恐，兢兢業業。

S.3607 是當年這件事情的「後語」底稿，它與上引幾件基本相同，為節省篇幅，從略。

3. 分配寫經記錄，比較明確的有 P.3948。

4. 校勘佛經的記錄，有 P.4000、4779。前者為戊寅年報恩寺的經目，後者為記載某寺某人校勘某人寫經的目錄，是殘卷，其寺院名稱有：蓮台、開元、三界、靈圖、報恩、龍興、顯德、永安等。

5. 佛經交割手帖有 S.2447、P.3188。P.3188 為乾元寺的移交目錄，共 12 行，題曰：「乾元寺前經司大慈手上藏內經，現分付後經司廣信，謹具數目。」（後有 781 帙目錄，略。）S.2447 所謂手帖，分兩部分：手帖正文和佛經卷帙登錄。正文為：

壬子年二月二日共前知經藏所由伯明交割經論律等，除先亥年九月算計目錄上欠數及判狀教填欠少者外，見應交得都計若仟卷，其數內又欠若仟卷，伯明云：「其欠經律先日諸人請將為本抄寫，未收入藏。」昨交割日：「其應在諸人上經論律等，准交歷，並收入見在額數。」其在諸人上經論律等並仰前所由伯明勾當收什，限至丑年五月十五日已前並須收入，分付後所由光燦等訖，如違限不收什，一任制奪家資什物，充填經直。如中間伯明身或不在，一仰保人填納，恐後無憑，故勒手帖為記。

此後是《手帖》中稱之為「交歷」的 7 行文字（即佛經卷帙登錄）。其後無保人姓名，無花押，因此也是一份底稿。雖然如此，仍然不失為一件重要文獻：第一，管理佛經的人叫「知經藏」「知經藏所由」（簡稱「所由」）或「經司」。第二，知經藏新老交替時有嚴格的點交手續，如有欠缺，限期交全，而且要訂立契約式的「手帖」。第三，如違限不交，「一任制奪家資什物，以充經直」。這就是說，如管理不善，有傾家蕩產的可能。它也告訴我們，對寺院來說，佛經也是廟產。

6. 各寺院請經目錄有 S.0375、0476、1364；P.3138、4611、5586。

至於向誰請經、「請經」的確切含意，因缺乏記載，不甚了了。從付給這個維那、那個上座來看，各寺院之上有人統一管理著佛經。

7. 佛經清理目錄。這是數量最多的。其卷號有 S.0817、1519-2、2142、3522、3538-2、4447、4627、4686、4688、4900、5002-2、5045、5046、5523、5525、5676、5782、5895、5925、5943、5985、5991、6039、6055、6059、6200、6225、6314；P.2726、3010、3060、3150、3187、3202、3279-2、3302、3337、3406、3432、3444、3459、3543、3654、3852、3853、3854、3855、3986、4039、4664、4741、4754、4962。

8. 可能屬於五代以前的目錄有 S.2872，P.2472、2722、2840。

9. S.3565v、P.2987 為《西天大小乘經律論並在唐都數目錄》（原題）。這兩件將來專題論述，此處不贅。

10. 雖屬目錄，或僅存題籤，或只有一行，等等，說明不了任何問題的有 S.4665、5982、5995、6135，P.4668、4786。

數量最多的第 7 類中，有真正的藏經目錄，如 P.3010，可以說它還是一個分類目錄，其子目有《口年九月一日已（原字如此，下同）後新寫藏經入藏目錄》《戌年七月一日新寫藏經入藏錄》《寅年七月八日後裝黃（原字如此，下同）經律幾經同帙（錄）》《卯年三月十九日後裝黃經論戒律幾經同帙（錄）》；有某經某帙由誰負責的記錄（可能是負責寫，也可能是負責清理），如 P.3060（兩面書寫），而且與 P.3010 是一個人的手筆；有的是有組織地對敦煌各寺院清理佛經，如 P.3138、3853、3854、3855、4611、5568；有某某經「寫了」的登記，如 S.5525；有某一寺院專門清理，如 P.3202 為《龍錄內無名經論律》（原題，下同），P.4962 為《龍大錄內無名藏中見有經數》，P.3853 題為《戊辰年九月七日奉處分龍興寺大藏經准入藏錄點勘經律論集傳等除見在

無者僅具數目如後》，緊接著有統計數字「准錄見欠經□□七十三卷，共欠律八十□卷，論共欠三百一卷，集共欠一十四卷，賢聖傳共欠二十一卷，經、律、論、傳、集等都共欠八百八十八卷」；有某一經的清理，如 P.3543 是《四分尼戒本》，P.3406 是《妙法蓮華經》，P.3150 是《大般涅槃經》，而《大般若波羅蜜多經》的清理則不僅卷號眾多——S.4447、4627、4688、5045、5782、5985、5991、6039、6059、6314；P.3302、4668、4686（無法判斷的當然也不少），而且有道真説的需要「修補頭尾」的，如 S.5046 等常注有「欠頭，要接」，「無表，頭破，要接」，「無頭，要接」，「要接頭」。《大般若波羅蜜多經》共 60 帙。這已被好多個目錄所證實。S.5991 殘卷從第 1 帙到第 22 帙登錄了每帙的欠缺數，但好多又塗掉了，這説明登錄者當時採取的辦法是：來一卷塗掉一個欠數。如第 8 帙原欠 7 卷，後來全塗掉了。

　　在 88 件目錄中，有年代題記的除長興五年（934）道真發願文外，只有 S.2142 有「跋」，文曰：「右件當寺上藏諸雜部帙緣無經錄，不知部帙數多少，今見□阡子抄錄帙數，一一謹□具如前已上都計諸雜經一百六帙，《大般若》六十帙。」此件最後有另一人書寫的有具體年代的題記，曰：「大唐（應為宋）乾德二年（964）歲次甲子四月二十三日，經司僧政惠晏、法律會慈等點檢《大般若經》兩部，欠數較多，未得成就。同日法律海詮請藏《大佛頂略咒本》一卷，法律會慈請藏細字《最勝王經》兩卷，計一部。」

　　當我們檢索完 88 件佛經目錄之後，自然得出這樣一個概念，即：五代、宋時期，也可以説以三界寺比丘道真發願「尋訪古壞經文，收入寺，修補頭尾，流傳於世」為契機，似乎有一個以都僧統為統帥的清理、修補、新寫、請經等有關佛經收藏的一系列活動，而且做得很認真。如 S.4447 是《大般若波羅蜜多經》的清理，清理者在一些帙的

上面畫了圈，最後有個說明：「有圈者未得本。」另外，在某帙的旁邊注曰「僕射將寫去」，說明連最高官員都參與其事，更可知僧尼、百姓踴躍參與其事。前引 S.2447 就說到「若仟（干）卷」經被「諸人請將為本抄寫」去了，因而移交的時候交不出來，只好具結訂立「手帖」。道真更是不遺餘力。S.6225 是道真手跡，兩面書寫：一面寫「三界寺比丘道真諸方求覓諸經隨得雜經錄記」，遺憾的是只有這樣一個題目；一面寫「集《大般若經》一部六百卷，俱全。又集《大般若經》一部，未全，《大涅槃經》三部，《大悲經》三卷，俱全，經錄一本」。S.6191只有一行，是一個標籤，題曰「雜大般若經」，下面雙行小註：「或有施主及官家缺帙號處，取添帙內，計十捲。」這一行字的字跡與上引S.6225 相同，是道真手筆。它說明道真很愛惜他「諸方求覓」所得的殘經，這10 卷《大般若經》準備隨時讓人拾遺補闕之用，其兢兢業業之心躍然紙上。

在上述第七類「清理佛經目錄」中，「幾經同帙」的記載很多，藏經洞發現之後，從伯希和拍的照片中可以看到沒有被打開的一帙一帙堆放的情形。「幾經同帙」當年是不允許搞亂的。

四、一點猜想

有的學者認為，藏經洞內存放的那麼多的古寫本是「廢紙」，本人不敢苟同。且不說藏經洞內還有那麼一些絹畫、紙畫、法器等（這部分至今情況不明），就寫經而言，920 年曹家在「敬寫《大佛名經》一百八十八卷」，可謂「功德無量」而耗紙頗多；934 年道真發起訪經、尋經，進而修補頭尾，可謂慘澹經營；964 年「經司僧政惠宴、法律會慈等點檢《大般若經》兩部，欠數較多，未得成就」，惋惜之情躍然紙

上。上引題記又說：「同日，法律海詮請藏《太（大）佛頂略咒本》一卷，法律會慈請藏細字《最勝王經》兩卷，計一部」，說明某寺 964 年還在不斷「入藏」，自然是「多多益善」，何「廢」之有？987 年道真尚健在，他煞費苦心主持收集的佛經，自然視為至寶。總之，藏經洞有年代題記的古寫本，學術界目前公認的最晚為 1002 年，因而筆者認為，10 世紀末孜孜以求的佛經，11 世紀初葉絕對不會那麼快就成為「廢紙」。同時，我想，我這篇膚淺之作的第三部分也可以作為我的論證。

我的結論是：三界寺既是道真立身之所，又是因道真而名存史冊的一個寺院。三界寺因道真而興旺，敦煌寫經因道真的提倡、身體力行而增多，道真在敦煌佛經史上的地位，應與法護、樂傳、洪䇦、悟真齊名。敦煌藏經洞所藏之佛經與當年道真的努力有直接關係，我想大概不會有人懷疑吧。

一點猜想：公元 1002 年，道真可能 82 歲，如果他當時健在，那麼在這一時期，如果發生什麼威脅佛經存在的危急情況，道真以其身分、地位主持將佛經封存，是完全可能而合乎情理之舉。

道真為敦煌寫經所付出的心血，已經不是什麼猜想，本文已經引用過的敦研 0345，北圖續 0329，S.3624、6225、6191 等文獻就是佐證。

附錄一：關於三界寺的資料

有關道真的資料，本來也是三界寺的一部分，為便於利用，特將其別立為《關於道真的資料》，請見附錄二。

1. S.0093《大般涅槃經》卷九（有三界寺藏經印）。

2. S.0173《李陵與蘇武書》《窮囚蘇武與李陵書》題記：「乙亥年六月八日三界寺學士郎張英俊書記之也。」

3. S.0296《大般若波羅蜜多經》卷一〇三（有三界寺藏經印）。

4. S.0375v「《摩訶般若經》九卷，付界張和尚」，「界」即三界寺之簡稱。

5. S.0528v《三界寺僧智德申請補助文》（擬）。

6. S.0707《孝經》題記：「同光三年（925）乙酉歲十月日三界寺學仕郎郎君曹元深寫記。」

7. S.1364《三界寺法旻等欠經賬》。

8. S.1587《大般若波羅蜜多經》卷四四〇，尾有三界寺藏經印。又，經題之上亦鈐一印，印文不明。

9. S.1824《受十戒文》題記：「光啟肆年（888）戊申五月八日三界寺比丘僧法信於城東索使君佛堂頭寫記。丁卯年（天祐四年，即907年）後正月十四日寫《受十戒文》卷。福岩記之。」

10. S.2129《大般涅槃經》卷二〇（有三界寺藏經印）。

11. S.2566-1《大悲啟請》（首題）。

S.2566-2《佛頂尊勝加句靈驗陀羅尼啟請》。題記：「比丘惠鑾今者奉命書出，多有拙惡，且副來請，謹專奉上，伏乞授持，同沾殊利，時戊寅歲一月十七日，在沙州三界寺觀音內院，寫《大悲心陀羅尼尊勝陀羅尼》同一卷畢。」參 S.4378。

12. S.2614-2《敦煌各寺僧尼名簿》有三界寺僧尼名簿。

13. S.3565《曹元忠佈施疏》：「弟子歸義軍節度檢校太保曹元忠，於衙內龍樓上，開龍興、靈圖（旁註：「請大德九人」）二寺大藏經一變，啟揚鴻願，設齋功德疏：施紅錦壹匹，新造經帙貳拾壹個，充龍興寺經襯。樓綾機壹匹，經帙拾個，充靈圖寺經襯。生絹壹匹，經帙拾伍個，充三界寺經帙。馬壹匹，充見前僧□。」

14. S.3624《三界寺見一切人藏目錄》。

15. S.3755《大般若波羅蜜多經》卷第一（首題），題記：「僧法濟勘了。」（有三界寺藏經印）。

16. S.3788《大般若波羅蜜多經》卷第三四三（有三界寺藏經印）。

17. S.4378-2《佛頂尊勝加句靈驗陀羅尼啟請》題記：「持課諸功德，回施諸有情，我等與眾生，皆共成佛道。比丘惠鑾者今奉命書出，多有拙惡，且副來請，謹專奉上狀，伏乞受持，同沾殊利。時己未歲十二月八日在江陵府大悲寺經藏內，寫《大悲心陀羅尼》《佛頂尊勝陀羅尼》同一捲了。」（按：S.2566 有此人戊寅年在三界寺寫有同樣的經，題記亦基本相同。）

18. S.4504《乙未年三界寺僧福員牒》。

19. S.4861《大般涅槃經》卷第十六（首題）（後有三界寺藏經印）。

20. S.4864《大般涅槃經》卷第十五（尾題）（後有三界寺藏經印）。

21. S.4868《大般涅槃經》卷第三（後有三界寺藏經印）。

22. S.4869《大般涅槃經》卷第十二（尾題）（後有三界寺藏經印）。

23. S.4876《大般涅槃經》卷第八（首題）（後有三界寺藏經印）。

24. S.4916《大般涅槃經》卷第十三（後有三界寺藏經印）。

25. S.5663《中論》卷第二（尾題），題記：「己亥年七月十五日寫畢，三界寺律大德沙門惠海誦集。乙未年正月十五日三界寺修《大般

若經》兼內道場課念沙門道真兼條修諸經十一部，兼寫《報恩經》一部，兼寫《大佛名經》一部，道真發心造大般若（經）帙六十個，並是錦緋錦綾俱全，造銀番（幡）伍拾口，並施入三界寺。銅令（鈴）香盧（爐）壹，香槤壹，施入三界寺。道真造劉薩訶和尚，施入番（幡）二七口，銅令（鈴）香盧（爐）壹，香槤，花氎壹，已上施入，和尚永為供養。道真修《大般若》壹部，修諸經十三部，番（幡）二七口，銅令（鈴）香盧（爐）壹，香槤壹，經案壹，經藏壹口，經布一條，花氎壹，以上施入經藏供養。」

26. S.5855《雍熙三年（986）陰存禮請三界寺都僧錄等牒》。

27. S.5892《禮三寶文（擬）》，題記：「甲戌年三（月？）十日三界寺僧法彌、法定師記耳。」

28. P.2097《大般若波羅蜜多經》卷一三八（有三界寺藏經印）。

29. P.2161《大乘百法明門論開宗義記》一卷（曇曠撰），有「三界寺比丘道真誦口五行」一行，寫後塗掉。

30. P.2233《大般若波羅蜜多經》卷第一九六，卷內有「三界寺藏經」墨印、「報恩寺藏經印」朱印。

31. P.3010：「戊子年五月十七日三界寺借將《四分律》陸帙並錦帙寫去記。」

32. P.3051《頻婆娑羅王后宮采女功德意供養塔生天因緣變》，末題：「維大周廣順三年（953）癸丑歲肆月廿日三界寺禪僧法保自手寫記。」（僅存後半，前半應接 S.3491，有原題。背有丙辰年僧法寶借券一件。）

33. P.3121 某寺廟圖，背有「三界寺」字樣。

34. P.3189《開蒙要訓》（尾題），末題：「三界寺學仕郎張彥宗寫記。」

35. P.3336《丑年寅年贊普新加福田轉大般若經分付諸寺維那歷》，內有三界寺。

36. P.3352 壁畫榜書底稿 4 種，背為三界寺賬目（乙巳年或 885 年，或 945 年）。

37. P.3367《己巳年宋慈順為故男小祥日設齋請三界寺僧疏》。

38. P.3398 小冊兩本。第二本為占卜書殘卷，末題：「辛口年四月廿壹日三界寺法律。」

39. P.3582《楊滿山詠〈孝經〉一十八章》，末題：「維大晉天福七年（942）壬寅歲七月二十二日三界寺學士郎張富口記。」

40. P.3706《大佛名懺悔文》，背有「三界寺僧戒慈《略懺》一部」題銜及殘契約等。

41. P.4518-19 千手千眼菩薩像，有題記，左 2 行，右 3 行。左 2 行的題記為：「清信弟子大云寺彌海口律持念《金光經》。」（左書）右 3 行的題記為：「清信弟子三界寺僧沙彌友信持念《大悲經》並咒一鋪，奉為龍天八部，永充供養。」（左書）菩薩像旁有榜書：「大悲佛並經。」像的右下還有「彌會昌」3 字。

42. P.4611《付各寺佛經記錄》，其中有三界寺，曰：「三界維那海藏付一帙，全。」

43. P.4779《佛經目》，記勘對人姓名，兩面抄，其中有三界寺。

44. P.5568《付各寺佛經記錄》，其中有三界寺。

45. 北圖地 12《佛說佛名經》卷一六（有三界寺藏經印）。

46. 北圖雨 63《金光明最勝王經》，題記：「丙午年正月十四日三界寺口口。」

47. 北圖黃 11 號《佛說八陽神咒經》，題記：「三界寺沙彌海子讀《八陽經》。」

48. 北圖續 0329《三界寺見一切人藏經目錄》（長興五年，即 934 年）。

49. 敦研 0345《三界寺應有藏內經論自錄》（長興五年，即 934 年）。

50. 上圖 086《佛說父母恩重經》，有題記：「顯德六年（959）正月十九日三界寺沙彌戒輪書記。」

51. 津 194《大乘百法名門論》，背有朱書：「三界寺論。三界寺量和尚論盡了也。三界寺梁和尚文書。三界寺。」還有其他雜寫。

附錄二：關於道真的資料

1. S.0330《南贍部洲娑婆世界沙州三界寺授八戒牒》，有戒牒 6 通：

（1）《雍熙二年（985）五月十四日道真為女弟子惠意授戒牒》，「授戒師主沙門道真」。

（2）《太平興國九年（984）十月十五日女弟子惠意授戒牒》，「授戒師主沙門道真」。

（3）《太平興國七年（982）五月十四日道真為女弟子程氏授戒牒》，「授戒師主沙門道真」。

（4）《太平興國七年（982）正月八日道真為女弟子程氏授戒牒》，「授戒師主沙門道真」。

（5）《太平興國九年（984）正月廿八日道真為女弟子程氏授戒牒》，「授戒師主沙門道真」。

（6）《太平興國七年（982）正月八日道真為女弟子惠弘授戒牒》，「授戒師主釋門道真」。

2. S.0347《南贍部洲娑婆世界沙州三界寺授八關齋戒牒》，此為宋乾德三年（965）正月二十八日授戒師道真授戒牒。

3. S.0532《南贍部洲娑婆世界沙州三界寺授八關齋戒牒》，有戒牒 3 通：

（1）《乾德二年（964）五月十四日道真為李憨兒授戒牒》，「授戒師主釋門僧政賜紫沙門道真」。

（2）《乾德二年（964），五月廿三日道真為女弟子張氏授戒牒》，「授戒師主釋門僧政賜紫沙門道真」。

（3）《乾德三年（965）正月十五日道真為女弟子娘子張氏授戒牒》，「授戒師主釋門僧政賜紫沙門道真」。

4. S.1183《三界寺授戒牒》，此為太平興國九年（984）三界寺授戒牒，授戒師為道真，受戒弟子為住奴。戒牒首尾及正中各有1方印，印文由18佛像所組成，每印佛像3行，每行佛像6軀。

5. S.1635《泉州千佛新著諸祖師頌》，終南山僧慧觀撰序（首行），「宋（？）招慶明覺大師述」（原題）。背有「釋門僧政京城內外臨壇供奉大德闡揚三教大法師賜（紫）沙門道真」一行。

6. S.2448《南瞻部洲娑婆世界沙州三界寺授八戒牒》，此為太平興國九年（984）為女弟子菩提受戒牒，「授戒師主沙門道真」。

7. S.2635《金剛般若波羅蜜經》，題記隱約可見，可能為朱書「三界寺比丘僧道真自手記」。

8. S.3147《佛說閻羅王受（授）記四眾逆修生七齋往生淨土經》，題記：「界比丘道真受持。」（「界」為三界寺之簡稱，下同。）

9. S.3452《佛說無量壽宗要經》，背有題記：「三界寺沙門道真轉帖。」

10. S.4115《南瞻部洲娑婆世界沙州三界寺授八戒牒》，此為雍熙二年（985）五月十五日女弟子法清受戒牒，「授戒師主沙門道真」。

11. S.4160《四分律略頌》，有題記：「三界寺比丘道真□。」

12. S.4844《南瞻部洲娑婆世界沙州三界寺授五戒牒》，此為乾德四年（966）正月十五日道真為弟子菩提最授五戒牒，「授戒師主釋門僧政賜紫沙門道真」。

13. S.4915《南瞻部洲大宋國沙州三界寺授菩薩戒牒》，此為雍熙四年（987）五月（？）日道真為女弟子智慧花授菩薩戒牒，「傳戒師主都僧錄大師賜紫沙門道真」。

14. S.5313《乙丑年九月戒牒》（按：此乙丑只能是乾德三年，即965），其上有方形千佛印5方，授戒師為道真。

15. S.5448《敦煌錄》，此為小冊子，封面上有三處道真的題名。

16. S.5663《中論》卷第二，龍樹菩薩造，鳩摩羅什譯。題記：

「己亥年七月十五日寫畢，三界寺律大德沙門惠海誦集。乙未年正月十五日三界寺修《大般若經》兼內道場課念沙門道真，兼條修諸經十一部，兼寫《報恩經》一部，兼寫《大佛名經》一部。道真發心造《大般若》（經）帙六十個，並是錦緋錦綾俱全，造銀番（幡）伍拾口，並施入三界寺。銅令（鈴）、香盧（爐）壹，香㯷壹，施入三界寺。道真造劉薩訶和尚，施入番（幡）二七口，銅令（鈴）香盧（爐）壹，香㯷、花氈壹，已上施入，和尚永為供養。道真修《大般若》壹部，修諸經十三部，番（幡）二七口，銅令（鈴）、香盧（爐）壹，香㯷壹，經案壹，經藏壹口，經布一條，花氈壹，以上施入經藏供養。」

17. S.6191 雜《大般若經》（或有施主及官家缺帙號處，取添帙內，計十捲）該卷僅此 23 字。括號內的字，原卷為雙行小字注。

18. S.6225《佛經目錄》。字跡與 S.6191 相同，後另有「三界寺比丘道真諸方求覓諸經隨得雜經錄記」一行。

19. P.2161《大乘百法明門論開宗義記》一卷，曇曠撰，有「三界寺比丘道真誦□五行」1 行，但寫後塗掉。

20. P.2193《目連緣起》，末有「界道真本記」1 行。

21. P.2270《大乘五方便北宗》《五更轉頌》，題記：「三界寺道真。」

22. P.2340《佛說護身命經》，背有：「界比丘道真。」

23. P.2836《佛經疏釋》，末有「三界寺道真記」一行，背有天福四年（939）節度押街賈奉玖疏。

24. P.2930《諸雜齋文》，末有：「三界寺比丘道真持念。」

25. P.2994《李憨兒受八關齋戒牒》，末有甲子年（應為 964 年）道真署名。

26. P.3140《南贍部州娑婆世界沙州三界寺授八關齋牒》（原題無「戒」字），此為乾德四年（966）正月十五日道真為弟子李憨兒授戒牒，「授戒師主釋門□□」。按：乾德四年的授戒師舍道真莫屬。

27. P.3143《南贍部洲娑婆世界沙州三界寺授千佛大戒牒》，此為乾德三年（965）正月十八日道真為女弟子提菩最最授千佛大戒牒。「提菩最最」四字很清楚。「提菩」非菩提之誤，沒有勾乙符號。「授戒師主釋門賜紫道真」，「道真」二字與牒文不同，是本人的簽名。

28. P.3203《太平興國七年（982）三界寺鄧惠集受戒牒》，「授戒師主沙門道真」。

29. P.3206《南贍部洲娑婆世界沙州三界寺授八戒牒》，此為太平興國九年（984）鄧住奴受戒牒，授戒師殘缺，太平興國九年，舍道真莫屬。

30. P.3207《南贍部洲娑婆世界沙州三界寺授八戒牒》，此為太平興國八年（983）弟子李憨兒受八戒牒，「授戒師主釋門道真」，「道真」二字為本人簽名。

31. P.3238《乾德二年（964）三界寺受戒女弟子張氏牒》，末有道真署名。

32. P.3320《三界寺授女弟子張氏五戒牒》，時為乾德二年（964），末有道真署名。

33. P.3392《三界寺授菩提最八關齋戒牒》，末有甲子年（按：應為乾德二年，即964）及道真署名。

34. P.3414《三界寺授李憨兒八關齋戒牒》，末有甲子年（按：應為乾德二年，即964）及道真署名。

35. P.3439《南贍部洲娑婆世界沙州三界寺授八戒牒》：

（1）太平興國八年（983）正月八日道真為弟子李信住授八戒牒，

「授戒師主釋門道真」（簽名）。

（2）（年月不詳）道真為弟子李勝口授八戒牒，「授戒口主口口道真」（簽名）。

（3）太平興口口口五日為李勝住受戒牒，「授戒師主沙門」（未署名）。

36. P.3455《三界寺授李憨兒五戒牒》，時為乾德三年（965），末有道真署名。

37. P.3482《三界寺授八關齋戒牒》，時為乾德二年（964），末有道真署名。

38. P.3483《三界寺授張氏三戒牒》，時為雍熙二年（985），末有道真署名。

39. P.3917-1《中論》卷一，題記：「三界寺律大德沙門道真念已。」另一頁寫：「《中論》第卷下，尾《廣明》，道真施入目錄。」

40. P.4959《三界寺授李憨兒戒牒》，時為太平興國口年，末有道真署名。

41. 北圖余18《大般若波羅蜜多經》，題記：「界比丘道真受持。」

42. 北圖奈88《佛說佛名經》，題記：「沙門道真修此經，年十九，俗姓張氏。」背有：「三界寺道真念。」按：以上題記中的「道真」

二字，許國霖《敦煌石室寫經題記與敦煌雜錄》誤錄作「道貞」，陳垣《敦煌劫餘錄》錄作「道真」。

43. 北圖張62《大般若波羅蜜多經》卷三四三，背有：「界比丘道真。」

44. 北圖成75《佛說閻羅王授記勸修七齋功德經》，題記：「比丘道真受持。」

45. 北圖服30v《和戒文》，題記：「《金光明最勝王經》卷第三，

界道真受持。」

46. 北圖續 0329《三界寺見一切人藏經目錄》（長興五年，即 934）中有道真的發願文：「長興五年歲次甲午六月十五日弟子三界寺比丘道真，乃見當寺藏內經論部帙不全，遂乃啟顙虔誠，誓發宏願，謹於諸家函藏尋訪古壞經文收人寺中，修補頭尾，流傳於世，光飾玄門，萬代千秋永充供養。願使龍天八部護衛神沙、梵釋四王永安蓮塞，城隍泰樂，社稷延昌，府主大王常臻寶位，先亡姻眷超騰會遇於龍華，見在宗枝寵祿長沾於親族，應有所得經論見為目錄，具數於後。」

47. 敦研 0345《三界寺應有藏內經論目錄》（長興五年，即 934年），目錄中間有道真發願文一篇，文字與北圖續 0329 只有兩處不同：一是「收人寺中」，此件只作「收人寺」；一是「應有所得經論」此件作「應有藏內經論」最後無「具數於後」四字。

48. 敦研 0322《辛亥年臘八燃燈分配窟龕名數》，題記：「辛亥年十二月七日釋門僧政道真。」

49. 台北中央圖書館 124《淨名經關中釋抄》捲上，題記：「戊戌年（938）夏五月二十日，三界寺沙門道真念記，俗姓張氏。」

50. 敦煌莫高窟第 108 窟前室題記：「因從台駕隨侍□□□□□□□道真等七人就三危聖王寺□下霸道場記維天福十五年五月八日遊記之耳。」

作者追記：承蒙譚蟬雪相告，P.2641v 有道真等十人作詩題壁之底稿，時道真結銜為「觀音院主」。

（原載《1990 年敦煌學國際研討會文集・石窟考古編》，
遼寧美術出版社，1995 年）

俄藏敦煌文獻 дх.1376、1438、2170 之研究

　　對俄藏敦煌文獻的研究，由於種種原因，我國大陸學者始於「文革」之後。鄭振鐸先生生前曾見過一部分，得知俄藏敦煌文獻有 1 萬多件，他還沒有來得及發表其見聞，1958 年 10 月因飛機失事而遇難。「I960 年 8 月 14 日，來自歐亞大陸兩端的兩位多年研究敦煌寫本的漢學家，一個日本人，一個法國人，共同登上位於涅瓦河畔豪華建築台階的巨大樓梯。蘇聯科學院亞洲民族研究所（前東方學研究所）就設在那裡。當他們在一張桌子上發現了一大堆特意為他們準備的敦煌寫本時，顯得多麼驚訝而不知所措呀！因為他們不僅根本就不知道此處還存在有這類寫本，而且半個多世紀以來，所有的漢學家們實際上都對這批寫本一無所知。」[1]此後，日本東洋文庫有了俄藏敦煌文獻的部分照片，法國國立科學中心敦煌組也有了部分照片。（1983 年我們訪問巴黎時，敦煌組的先生們坦誠地告訴我們：他們必須恪守與蘇聯的君子

1　戴密微著、耿昇譯：《列寧格勒所藏敦煌漢文寫本簡介》，《敦煌譯叢》第 1 輯，甘肅人民出版社 1985 年版，第 110 頁。

協定，外單位的人不允許閱覽這部分照片。東洋文庫部分倒是准許閱覽，但 1989—1991 年我旅日期間，始終未能顧上問津。）1963—1967 年莫斯科科學出版社出版了《亞洲民族研究所所藏敦煌漢文寫本註記目錄》第 1、2 輯，世人才對俄藏的 2954 件敦煌文獻有了大致瞭解。1983 年莫斯科出版了丘古耶夫斯基編的《敦煌出土漢文文書》（即我們所說的社會文書），有文有圖，大大有助於敦煌學界的研究。80 年代初開始，台灣新文豐出版公司陸續出版了《敦煌寶藏》，比丘古耶夫斯基的俄文本更有助於中國學者的研究。1986 年以後，唐耕耦、陸鴻基編輯的包括部分俄藏文獻的《敦煌社會經濟文獻真跡釋錄》（第 1—5 卷）陸續出版，有圖有釋文，更便利了中國內地學者的研究。直到這時，限於條件，內地學者有機會去俄羅斯目睹原件者仍寥寥無幾。

1995 年 5—7 月，筆者有幸在俄羅斯科學院東方研究所聖彼得堡分所瀏覽了部分敦煌文獻。法國著名漢學家戴密微先生所著《列寧格勒所藏敦煌漢文寫本簡介》是最早系統地介紹俄藏敦煌文獻的名作。他對俄藏敦煌文獻總的評價是：「我們沒有在這批收藏品中發現令人震驚的東西。從質量觀點來看，它們沒有倫敦和巴黎的那一批高，但似乎要比北京和日本的藏卷略勝一籌。

然而，列寧格勒（今彼得格勒──編者注，下同）藏卷中也包括有一些非常重要的文書，尤其是 '俗文學' 方面的文書。」[2]戴密微先生的評價是作了充分調查以後的結論。不過，我想補充一句我的印象：俄藏敦煌文獻是藏經洞出土物的縮影！詳細的論據不是本文的範圍，容我以後另文條析。簡而言之，敦煌文獻中常見的佛教典籍、道教典

2　戴密微著、耿昇譯：《列寧格勒所藏敦煌漢文寫本簡介》，《敦煌譯叢》第 1 輯，甘肅人民出版社 1985 年版，第 121—122 頁。

籍、社會經濟文書、敦煌文學作品……應有盡有，倫敦、巴黎、北京各有獨一無二之物，彼得堡亦然。本文所要介紹的3件，可以作為我的一點論據。

一、дх.1376《沙州戶曹給蓮台寺僧應保過所文卷》

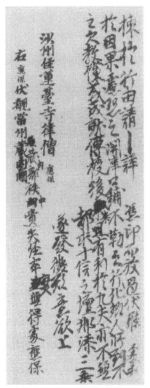

▲ 圖1　дх.1376《沙州戶曹給蓮台寺僧應保過所文卷》

　　дх.1376，孟列夫編號為1707，11x30.5釐米，8行（圖1）。原件從左往右豎行書寫，孟目未曾注意「左行」，故其註記目錄之起訖行正好顛倒。先將原文迻錄於下（原件人名是小字，行文時有塗改。現在的錄文，不出涂掉之字，繁體、俗體、異體一律改從現用規范簡化漢字，並加標點）。

　　右應保伏睹當州藏內部帙中遺失經本，實無得處。應保沙州住蓮台寺僧。應保遂發微願，意欲上都求十信之壇那，添三乘之欠教，倘或成就，傳教後來，且有利於凡夫，亦不無於因果。慮恐之（衍）關津口鋪不勒之行化，鄉人所到，不揀（練）行由，請詳憑印而放過，伏聽處分。

　　此件黃永武先生《敦煌遺書最新目錄》定名為「《經帙題字》（沙州蓮台寺應保遺失經本伏聽處分）」。我在《俄藏敦煌文獻經眼錄》中擬名為《給沿途「關

津口鋪」牒》。[3]

此件之擬名，總有些似是而非之感，因為文書本身什麼都不像：說它是「過所」吧，不像。過所，就是「通行證」。劉熙《釋名》：「過所，至關津以示之也。」[4]《大唐六典‧關津官吏》條稱：「關令，掌禁末游伺奸慝，凡行人車馬出人往來，必據過所以勘之。」[5]我國過所制度始於何時？基本內容怎樣？敦煌吐魯番出土的文書為我們提供了具體資料，已故王仲犖先生的《試釋吐魯番出土的幾件有關過所的唐代文書》[6]和程喜霖的《論敦煌過所》[7]有專門研究。據王仲犖先生的介紹，在現存實物中，保存得比較完整的是唐尚書省發給日本僧人圓珍的過所，現轉引如下：

尚書省司門：

福壽寺僧圓珍，年肆拾參。行者丁滿，年伍拾。並隨身衣道具功德等等。詔廣兩浙已來關防主者，上件人貳，今月日得萬年縣申稱：「今欲歸本貫覲省，並往諸道州府，巡禮名山祖塔。恐所在關津守捉，不練行由，請給過所者。」准狀，勘責狀

同此，正准給。符到奉行。都官員外郎判依主事袁參

令史戴敬宗

書令史

大中玖年拾壹月拾伍日下

3　《敦煌研究》1996 年第 2 期。

4　《叢書集成》第 1151 冊《釋名》，中華書局 1985 年版，第 97 頁。

5　我用的是日本廣池學園事業部刊行的《大唐六典》，引文出自該書第 535 頁。

6　《文物》1975 年第 7 期。

7　1994 年敦煌學國際學術研討會提交論文，見《1994 年敦煌學國際學術研討會論文提要》，全文待刊。

蒲關十二月四日勘出　丞郢[8]

據《唐六典》記載，唐代的過所，在中央由尚書省發給；在地方由都督府或州發給。[9]據王先生介紹，圓珍的過所，加蓋的是尚書省的官印。從行文到印鑑，這都是中央政府的公文。吐魯番出土的唐開元二十年（732）瓜州都督府給西州百姓游擊將軍石染典的過所、沙州給石染典的過所，[10]則是地方簽發的過所範例，現迻錄如下：

家生奴移□□　

安西已來，上件人肆、驢拾。今月日得牒稱：從西來，至此市易事了。今欲卻往安西已來，路由鐵門關，鎮戍守捉不練行由，請改給者。依勘來文同此，已判給，幸依勘過。

府

戶曹參軍宣

史楊祇

開元貳拾年參月拾肆日給

由於某種原因，石染典到沙州以後改變了主意，申請到伊州，很順利地得到沙州發給的過所。正好，上件所缺者，此件得以補全。原

8　此件有王先生的原註：「見日本內藤虎次郎《三井寺藏唐過所考》，轉引自萬斯年《唐代文獻叢考》。這份過所今存日本三井寺。」

9　《大唐六典》，第153頁。

10　王仲犖先生將此件定為「西州」給的過所，欠妥。據《敦煌吐魯番出土文書》第9冊錄文注，此件上有三個「沙州之印」，乃沙州簽發無疑。

文為：

作人康祿山石怒怒家生奴穆多地

驢拾頭（沙州市勘同，市令張休──以上九字原為小字注）牒，染典先蒙瓜州給過所，今至此市易事了，欲往伊州市易，路由恐所在守捉，不練行由。謹連來文如前，請乞判命。

謹牒。

（印）開元廿年三月廿日西州百姓游擊將軍石染典牒

任去　琛示

廿五日

（印）

四月六日伊州刺史張賓　　押過。[11]

當我們看了以上三件過所之後，就會得出這樣的印象，即過所必須具備這樣幾條：一是申請者的姓名、身分、年齡；一是同行者的姓名、身分；一是所帶行頭、牲口；一是前往何處，最後必須有批示（判文）。用以上幾點來檢驗 дх.1376，顯然缺少好幾條，不像。說它是「請給過所的牒文」吧，也不像。吐魯番阿斯塔那墓出土有若幹件請給過所的文卷，現迻錄一件，以見一斑：

甘州張掖縣人薛光沘年貳拾陸。　　　母趙年陸拾柒。

沘妻張，年貳拾貳。驢拾頭並青黃父，各捌歲。

右同前得上件人辭稱：將母送婆神樞

11　《敦煌吐魯番出土文書》第9冊，文物出版社1990年版，第40─42頁。

到此，先蒙給過所還貫。比為患瘲未能

得發。今患損，欲將前件母及妻、驢等

歸貫，路由玉門關及所在鎮戍，不練行由，

□今已隔年，請乞改給。謹連本過所

□□乞處分者。依檢本過所，開十九

◻　　往甘州有實。

　　　　　　　　　　　　　　　　□狀謹牒

　　　　　　　　　正月　　日史謝忠牒

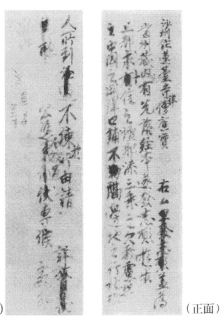

（背面）　　　　　　　　　　　　　　　（正面）

▲ 圖2　дх.1438《沙州戶曹給蓮台寺僧應保過所》

　　我曾粗粗檢索過《吐魯番出土文書》所提供的請給過所、公驗的
牒文，幾乎沒有申請者個人的申請狀，而都是官文書——戶曹經辦者
「史」一類的人擬就的案卷。從我所見到過的圖錄來看，這種牒文加上

判語，就是過所正本。不過，我們從這些官文書中可以看出個人「請給過所」的牒狀必須有：一是申請者的姓名、年齡、身分等；一是同行人的姓名、年齡、身分；一是行頭、牲口，如果是馬，必須註明每匹的毛色、齒歲、牝牡，是驢則可以幾頭一起報；一是目的地；一是幹什麼。如果中途有變更，還得申報「改給」牒狀並附原有過所。用以上內容來衡量 дX.1376，顯然它不是「請給過所」的牒狀。從「慮恐關津口鋪不勒之行化，鄉人所到，不練行由，請詳憑印而放過，伏聽處分」來看，此件也是官文書。如果有沙州戶曹參軍的判語和沙州官印，那就是正式的過所。因此將此件定名為《沙州戶曹給蓮台寺僧應保過所文卷》，可能比我原先定名為《給沿途「關津口鋪」牒》比較合適。又，敦煌吐魯番出土已發表的過所都是漢唐時物，五代以降者，我還未見。此件乃宋代之物（詳後），從行文來看，我們似乎可以感到「過所」內容的變化。我對此沒有深入研究過，不敢自信，姑妄言之，以待來哲。

дх.1438，孟目編號為 1655，8x30 釐米，兩面書寫，正面 4 行，背面 3 行，共 7 行（圖 2）。在短短的 7 行文字中，就有 6 處塗改，3 處加添，且最後 1 行「牒件狀如前謹牒」這一公文套語只寫了「牒件」二字而驟然停止，也沒有落款。因此這是一件草稿。它與 дх.1376 是一件事情的兩種文本。茲迻錄於下（塗改加添處，按改後的迻錄）：

沙州住蓮台寺律僧應寶　　右厶蓋為當州藏內即有兌落經本，遂發志願，游步上都求十信之壇那，添三乘之欠教。慮恐中國之關津口鋪不隔（給？）邊地之行化，鄉人所到，不練於行由，請　　詳公憑而放過，伏專候處分。牒件

　　這兩種文本，除人名有一個字的差異以外，只是文字有多寡、理由有詳略而已，實際上是一件事。如果研究古代公文，不失為甲乙本之資。作為過所文卷的行文，此件似勝於前件。定名應與 дх.1376 同，其餘不贅。

二、дх.2170《沙州遺失經律論卷帙數錄》

　　дх.2170，孟目編號為 2939，33.5x33.5 釐米。原件有小字注，有寫後塗掉者，有在經名旁畫折號者。先將內容迻錄於下（小注迻錄於括號內，折號不錄，塗掉者不錄。異體字、俗體字一律改用規範字；衍字、改字、補字用〔〕表示）：

　　沙州（先於京國請得三乘）遺失經律論卷帙數錄《大乘法集經》一部六卷（現在）或八卷（並無）（元魏天竺三藏菩提留支譯，一百二十七紙），《央崛魔羅經》一部四卷（宋天竺三藏求那跋陀羅譯，七十八紙），《大乘造像生〔衍〕功德經》一部二卷（三十一紙），《造塔功德經》一部一卷（二紙），《菩薩內習六波羅蜜》一部二卷（三紙），《菩薩善戒經》九卷或十捲三十品（一百八十紙），《優婆塞戒經》一部七卷（一百三十一紙），《生菩薩戒本》一部一卷（出《地持戒品》中，慈氏菩薩說，十紙），《菩薩戒本》一部一卷（出《瑜伽論》，彌勒菩薩說，十八紙），《▢▢▢▢薄磨文》一部一卷（七紙），《大乘阿毗達摩集論》一部七卷（無著菩薩造，一百三十紙），《▢▢▢▢差別論》一部一卷（六紙），《小乘樓炭經》一部六卷（西晉沙門釋法立、法炬譯，一百三紙），（紙），《鴦崛摩經》一部一卷（西晉三藏竺法護譯，六紙），《根本說一切有部毗奈▢▢▢▢》（十四紙），《十誦比丘戒

本》□□□□□，《根本說一切有部〔戒〕經》一部一卷（十五紙），□□□□□一卷（二十三紙），《解脫□□□□□十戒法並威儀》一部一卷（二十一紙），《根本說一切有部百一羯磨》一部十捲（一百四十六紙），《四分難〔雜〕羯磨》一部一卷（四十紙），《四分僧羯磨》一部三卷□□□□□經》一部一卷（□□□□□三紙），《根本薩婆多律攝》一部二□□□□□（二百七十七紙），《大乘修行菩薩行門諸經要集》一部。上□所欠經律論本者，切〔竊〕聞　中國人情慈悲願重，遍惠於八方來乞，□濟於一切要心。今則邊地實闕教文，投步　京都求化，或能隨喜成就，同結善緣，使　中外之藏教俱全遣來，今之凡夫轉讀□是受於　佛教敕，得法久住世間矣。

很明顯，這是上面那兩個文書中所說的「沙州蓮台寺僧應保」要到上都求乞的經律論目錄，它與дх.1376、дх.1438同為一件事。

▲ 圖3　дх.2170《沙州遺失經律論卷帙數錄》

　　有趣的是，同一時期沙州向「上都」求經事，倫敦、巴黎也有這件事的文書。它們的編號是：S.2140、3607、4640，P.3851、4607。[12]在沒有見到俄藏上述 3 件文書之前，我曾就英、法兩國所藏這 5 個號寫過一篇題為《三界寺・道真・敦煌藏經》的文章，[13]在「敦煌藏經」部分中有云：「把這五個卷子放在一起一排比，正好反映了一件事情的首尾。」現在應該加上俄藏的 3 件，8 件文書反映的是 1 件事情。這 8 件文書的前後關係是這樣：

　　дх.2170 是最早的一份草稿，內容分 3 部分：第 1 行的「沙州遺失經律論卷帙數錄」既是標題，[14]又是前言；第 2—11 行是所要乞求的經目；第 12—15 行是後語。結合 S.2140 來看，其前言所以開門見山，可能當時是和過所草稿 дх.1376 一起考慮的。因為這件過所草稿已把前往「上都」的緣由説清楚了。8 件之中，經目有 4 份，每份都是大同小異，這是因為每次都有改動的結果。正因為它是第 1 次目錄，提的經名比二稿多兩件，且有疏忽之處。

　　S.2140 是第二次擬稿，前言比第一稿説得親切、完善，將「沙州先於京國請得三乘，遺失經律論卷帙」改成「沙州先得帝王恩賜藏教，即今遺失舊本，無可尋覓，欠數卻於上都乞求者」。為表示尊敬，「帝王」「藏教」都抬頭提行書寫。

　　從邊遠地區上京求經，當然是很慎重的事，所以在前言後語的用詞造句上經過幾次修改。從種種跡象看，此次請經是沙州官府經辦

12　方廣 博士曾就這些文書寫過《敦煌遺書〈沙州乞經狀〉研究》一文，發表在《敦煌研究》1989 年第 2 期上。

13　敦煌研究院編：《1990 年敦煌學國際學術討論會論文集・石窟考古編》，遼寧美術出版社 1995 年版。

14　黃永武先生《敦煌遺書最新目錄》就把此卷定名為《沙州先於遺失經律論卷帙數錄》，並無不妥，只是應把「先於」2 字去掉。

的，初稿（дx.2170）的後語行腳僧的味道太濃，因此就後語部分單獨
進行過一次修改，S.3607 就是這樣一份文書，現將兩件並列如下：

дx2170	S.3607
上件所欠經律論本，切聞　中國人情慈悲願重，遍惠於八方來乞，□濟於一切要心。今則邊地實關教文，投步京都求化，或能隨喜成就，同結善緣，使中外之藏教俱全遣來，今之凡夫轉讀□是受於佛教敕，得法久住世間矣。	上件所欠經律論本者，蓋為邑眾佛法難聞，而又遺失於教言，何以得安於人物。切望中國壇越普濟乞心，使中外之藏教俱全遣來，今之凡夫轉讀便是受佛付囑，傳授教敕，令法久住世間矣。

　　第二次擬稿（S.2140）的後語就是 S.3607 提供的「版本」。此件字
寫得最正規，看來當時是想以此作為定本的。

　　從現存文書來看，就在這個時候，沙州境內進行過一次佛經清
理，又找到了一些，於是又有第三次擬稿。

　　S.4640 是第三次草稿。此件兩面書寫，正面寫前言和經目，背面
寫後語。前言與作為二稿的 S.2140 比，稍有改動，成了「沙州先於帝
王請得藏經，自後遺失舊本，無可尋覓，今卻人朝國求乞欠數者」，把
「先得帝玉恩賜藏教」改成「先於帝王請得藏經」。這一改動使人想起
P.4962 的三行殘文書：

准數分析奏　　聞
陷蕃多年，經本缺落，伏乞
宣賜，兼降　宣命，詔當道在朝

　　原文在「當道在朝」旁邊有「先請經僧正」五字。從「陷蕃多年」可見此事發生在張議潮收復河西后不久，從「先請經僧正」而得知是「請經」，不是「賜」經，這一改動是比較實事求是的。更為有趣的是，S.4640 第三次草稿的經目部分與 дx.2170 一致，而與 S.2140 不一致。為節省篇幅，恕不一一列出，讀者只需拿 дx.2170 的錄文一對便知。這裡需要說明的是：因為 дx.2170 是初稿，難免有錯，如《優婆塞戒經》1 部 7 卷 131 紙，把「一百三十一紙」寫到另一行去了（我在錄文時，已根據 S.4640、S.2140 作了糾正）。《鴦崛魔經》與《鴦崛摩羅經》內容大體一致，只是後者詳盡得多，故而二稿以後就將前者刪去。這些問題在二、三稿裡不再出現。第三稿與眾不同的地方是在許多經名旁註有「罷卻」二字，這表明此稿正是清理佛經以後草擬的。後語也有所改動，成了這樣：

> 上件所欠經律論本者，蓋為邊方人眾
> 佛法難聞中國諸賢能滿乞願，唯望
> 十信壇越一切好心隨喜寫之，所欠教言，普使
> 傳之，邊人轉讀，亦是受佛教敕，付囑傳
> 授，今法久住世間矣。

　　可能經辦者覺得前幾稿的前言都把「帝王」抬出來，不但於事無補，弄不好還會惹大禍。因此，僅就「前言」曾單獨擬過稿。請看 P.4607 寫本，在一張不寬的紙上擬了兩次：

> 沙州藏內部帙中遺失經律論數目，今於
> 上都求覓，唯願信心上人同

（編者註：中間空了一截）

沙州藏內部帙中現有失卻經律論捲軸無可尋覓，比欲

上都求乞者。

就這樣，似乎還不妥當，因此定稿時，一切畫蛇添足的東西全部去掉了。

P.3851 是此次上京求經的最後一稿。與前幾稿相比，此件有以下四點不同：一是前言去掉，只剩標題《沙州准目錄欠藏經數》；二是目錄部分凡第三稿在經名旁寫「罷卻」二字者，統統去掉了；三是在一些經的旁邊用小字注曰「切要求覓來也」；四是最後有這樣一句小字註：「如或寫者，切須三校，不請有留錯字也。」「三校」是當時的校書制度。這一小注說明，當時經辦此事者確實兢兢業業，考慮得很周到。因為所請的經都是敦煌沒有的，如果在中原不校對好，到敦煌以後會因為無法校對而以訛傳訛。同時，這最後一稿的前言、後語的處理也說明：敦煌已經把求助的對象從官府轉向民間。

三

此次敦煌向中原請經，究竟發生在什麼時候，當然是我們最關心的問題。俄藏敦煌文獻 дх.1376、1438、2170 我沒有照片，但從上面我介紹的內容來看，它與其他五件同屬一件事是毫無疑問的。這五件（即 S.2140、3607、4640，P.4607、3851）不光是同一時代，而且同為一人手筆。這五件，字有大小，用筆有粗細，字有工整不工整等區別，但內容一致、字體一致、書寫習慣一致，尤其是經卷的「卷」字，以及門、聞、間等字的「門」這一部首的寫法，其他人是無法寫得與他一

模一樣的。其特點一見便知。當我第一次接觸這些文書時，直覺告訴我，這是五代、宋時期敦煌歸義軍衙門某個孔目官或某節度參謀的手筆。經查對，這是宋《雍熙三年（986）丙戌歲具注曆日》的編制者安彥存的筆跡。現存 S.3403 寫本安彥存寫《雍熙三年丙戌歲具注曆日並序》是已知敦煌曆日中字寫得最好的一份。其序言中的「三百五十四」、「授」、「八節」、「七十二」、「大小」、「修造」、「已下」、「右件」等字，將其與幾份「請經目錄」對比，就知道兩者同出一人。在「請經目錄」中出現頻率最高的「卷」字，曆日中雖沒有，但我們若留心一下「序」中的「奏書」二字和「丁巳」二字的寫法，將「巳」字放進「奏」字的下半部，就會發現，它就是「請經目錄」中的「卷」字，並且毫不懷疑。S.3403 中的「功德」、「事」、「蜜」與目錄中的各該字皆一致，「舊」字則與 S.2140、4640「請經緣起」（我把它們稱之為「前言」）中的 ‘'遺失舊本」的「舊」字如出一轍。尤其是 S.3403 中的「閉」字，與經目中的「門」、「聞」、「間」幾字的「門」字頭那無法模擬的特殊寫法一對照，更令人深信不疑。

方廣 博士在《敦煌遺書〈沙州乞經狀〉研究》一文中有一節「乞經時間、對象、地區問題的研究」。關於乞經時間，他認為「上述乞經活動可能是五代時進行的」[15]。我也曾與方博士不謀而合，認為是五代時進行的，而且論據也基本相同。但仔細琢磨其字體，總覺得「似曾相識」，現在終於找到了經辦此案卷者為安彥存，這不光是個人得到了一點「收穫」，也有助於關於藏經洞一些問題的研究。

當然同一人的字，也不是一成不變。安彥存寫於雍熙三年（986）具注曆日的字比較修長、清秀，而請經文卷則比較老成，給人的印象

---

15 《敦煌研究》1989 年第 2 期。

是具注曆日在前，請經文卷在後。雍熙三年（986）時，應是安彥存剛擔任曆日編撰不久。敦煌曆日中還有 S.1473《太平興國七年（982）壬午歲具注曆日》，其編撰者是翟文進。翟文進其人是五代時敦煌名士守州學博士、曆法家翟奉達的後人，

S.0095《顯德三年（956）丙辰歲具注曆日》就是翟奉達編撰、翟文進書寫的，此件的尾部有題記「寫勘校子弟翟文進書」。翟文進的事蹟告訴我們：956 年時翟文進已接觸曆日的編制，26 年後的 982 年才有他署名的曆日（當然也不否認此前他有編過曆日的可能），可見曆日的編制不是很快就能掌握的。比照《唐六典》，翟文進在顯德三年（956）時可能是「曆生」，從曆生到司曆，須「八考入流」。由此而可知，晚於翟文進四年編制曆日的安彥存，雍熙二年（986）時也不會是初出茅廬的人，因此他的字比翟文進當年擔任「寫勘校」時的字成熟得多。請經文卷的字比安彥存本人雍熙三年的字還要晚，雖然我們無法說出晚多少年，但此次請經行動發生於宋代，則是無疑的了。即使寫於雍熙三年左右，也還是宋代。退一步說，哪怕是寫於雍熙之前 20 年，有宋也已立國，絕對不會是五代時的事。因此，此次請經行動發生於「五代」之說，可以不再考慮。

這個問題的解決，自然引出藏經洞文物是否「廢棄」之說。

從現存若干件各種經目來看，歸義軍時期沙州曾有過一次大規模地清理佛經的活動，這是「廢棄論」者也承認的。清理的目的是為了搞清哪些經有、哪些經沒有，也是毋庸置疑的。根據清理的結果，進一步想辦法補全一藏佛經，似乎大家也都比較一致。那麼，即使最保守的看法，把此次請經放在雍熙三年（986），離藏經洞封閉的 1002 年，才隔了 16 年，辛辛苦苦弄來了又廢掉，所圖何來？有學者認為，開寶藏完成於太平興國八年（983），此後曹氏向中原王朝請經，得到

了刻本開寶藏，原有佛經也就作廢了，非也。即使此時賜給了一藏，沙州十幾座寺院豈一藏所能足？即使寺院滿足了，私人也得要，豈容作廢？請看一個例子：三界寺名僧道真，五代長興五年（934）發起尋訪古經、修補頭尾活動以後，[16]經過努力，卓有成效。S.6225 是道真的手跡，兩面書寫，一面寫「三界寺比丘道真諸方求覓諸經隨得經雜記」，一面寫「集《大般若經》一部六百卷，具全。又集《大般若經》一部，未全。《大涅槃經》三部、《大悲經》三卷，具全。經錄一本」。這說明當時《大般若經》已經收全了一部。剩餘的不全的那一部，道真也沒有讓它廢掉，請看 S.6191，只有一行，是一個標籤，題曰「雜大般若經」，下面雙行小字註：「或有施主及官家缺帙號處，添取帙內，計十卷。」這個題籤，估計當年是掛在一個「包袱皮」外面的，內裏所謂「雜大般若經」10 卷。雙行小字注說明：道真十分愛惜他「諸方求覓」所得的殘經，這 10 卷《大般若經》準備隨時讓人拾遺補闕之用，其兢兢業業躍然紙上。很顯然，道真這次努力還是沒能湊夠一藏，整個沙州也沒有完整的一藏，因此才有雍熙前後的這次請經。假設這次請來了開寶藏，為什麼大中祥符七年（1014）還要請經？[17]論者或曰那請的是金字藏經，不錯。這正說明，佛經需要幾套。從用途來說，有受持經、供養經之分，當我們看到一些經背面「打補丁」時，佛經何廢之有的看法就會油然而生。

　　日本學者矢吹慶輝、牧田諦亮、竺沙雅章、土肥義和、岡部和雄

16　有關此事的敦煌文獻卷號有：敦研 0345、北圖續 0329、S.3624。

17　《宋史》卷四九〇《外國傳》：「大中祥符末，宗壽卒，授賢順本軍節度，弟延惠為檢校刑部尚書、知瓜州。賢順表乞金字藏經、泊茶、藥、金箔，詔賜之。」見中華書局 1985 年標點本，第 14124 頁。此事《宋史・真宗紀》繫於大中祥符七年（1014），同上書，第 156 頁。

等諸先生都對此次請經事件 8 個文書中的 S.2140 有過研究。[18]牧田諦亮先生的文章我無緣得見，其他先生的文章都曾為我開拓過思路，因為我所引用的卷子已超過諸位先生的範圍，著眼點和研究的角度也不一樣，本文也就沒有涉及他們的研究情況，但他們的文章應給予介紹，尤其是矢吹慶輝先生，他可以說是敦煌遺書中的目錄學的開拓者。

　　梳理完這 8 件寫卷之後，寫本的定名也就明確了。已故唐長孺先生主持編撰的《吐魯番出土文書》（1—10 冊）是我國出土文書編目的典範，它本身就是許多學者的研究成果。借鑑該書目錄的定名，我覺得本文所涉及的 8 件文書，都應該叫作《宋代沙州向中原請經文卷》。雖然如此，我仍不敢自信，祈請方家教之。

（原載《敦煌研究》1996 年第 2 期）

18　矢吹慶輝：《鳴沙餘韻‧解説篇》第 1 部，臨川書店 1933 年版，第261—264頁。牧田諦亮：《疑經研究》，京都大學人文科學研究所 1981 年版，第 35—36 頁（此據方博士《敦煌遺書〈沙州乞經狀〉研究》一文注 2）。竺沙雅章：《敦煌的僧官制度》，《中國佛教社會史研究》，同朋舍 1982 年版，第403—404 頁。土肥義和：《歸義軍時代》第四節《歸義軍和敦煌佛教教團‧敦煌、中原兩佛教界的交流》，載《講座敦煌》第 2 冊，大東出版社 1980 年版，第 268—270 頁。岡部和雄：《敦煌藏經目錄》，《講座敦煌》第 7 冊，大東出版社 1984 年版，第 312—313 頁。岡部先生第一次提到了沙州乞求中國壇越慈濟遺失經律論本狀中還有 S.3607、S.4640、дх.2939。但他只是點到而已，未加研究。

敦煌研究院藏土地廟寫本源自藏經洞

　　關於土地廟出土的寫經與藏經洞出土寫經的關係問題，向達先生早有論述[1]。

　　土地廟出土寫經之經過，當時的經辦者蘇瑩輝先生曾撰文披露，但蘇先生並未涉及客觀存在與藏經洞寫經的關係問題。[2] 1964 年，蘇瑩輝先生在其所著《敦煌學概要》一書中，列《新發現的寫本卷子》一章，除再一次公佈目錄外，還首次公佈了當年國立敦煌藝術研究所所長常書鴻寫給上級的報告。此報告已成為難尋之歷史資料，特轉錄如下：

　　《國立敦煌藝術研究所於民國三十三年八月三十日發現藏經初步檢驗報告》

1　向達：《國立敦煌藝術研究所發現六朝殘經》，《向達先生紀念論文集》，新疆人民出版社 1986 年版。

2　蘇瑩輝：《記本所新發現北魏寫經（附目）》（1、2），《西北文化》第 23、25 期，1945 年 4 月 24 日，1945 年 5 月 9 日。

　　本所因修建職員宿舍，於八月三十日上午十一時，在後園土地祠（該廟為清末中寺主持王喇嘛所修）殘塑中發現六朝殘經多卷，當經鴻[3]召集全體職員並邀請現正在千佛洞工作之西北考察團考古組向達、夏鼐、閻文儒三先生參加檢驗，詳細記錄。共計得六朝殘經雜文等六十六種，碎片三十二塊，其中有題記年號者，計北魏興安三年五月十日譚勝寫《彌勒經》，北魏太和十一年五月十五日寫《佛說灌頂章句拔除罪過（應為「過罪」——引者注）生死得度經》及北魏和平二年十一月六日唐豐國寫《孝經》殘頁三種。此外尚有六朝職官名冊殘頁，均甚名貴，現經匆促編造初次查驗目錄。該項殘頁現妥存本所。此次發現，實為斯坦因、伯希和等盜竊藏經後敦煌之創聞，本所成立於盜竊俱空之際；有此意外收獲，致使震動世界之「敦煌學」又增加若干研究資料，亦中國文化之幸也。

　　　　　　　　　　　　　常書鴻謹志於莫高窟，三十三年九月一日

　　參加檢驗本所職員：常書鴻、張琳英、劉榮曾、李浴、陳延儒、蘇瑩輝、邵芳、陳芝秀、董希文、辛普德

　　　　監驗人：向達、夏鼐、閻文儒

　　　　紀錄：蘇瑩輝、李浴、劉榮曾[4]

　　報告沒有明確說明這批寫本與藏經洞有無關係，但字裡行間包含著「有關」的意思。報告中有關「土地祠」註釋——「該廟為清末中寺主持王喇嘛所修」——即很能說明問題。拆廟時王喇嘛早已不在。據現在敦煌研究院退休職工范華同志（當年他是國立敦煌藝術研究所

3　「鴻」指當年常書鴻先生自稱，用小字書寫。

4　台灣「中華叢書」編審委員會編印，1964年。

的工友）告訴我，當時中寺的喇嘛姓馬、姓楊，他們是修了土地廟的王喇嘛的徒孫輩。他們的師爺與王道士為同時人。范華同志認為：土地廟裡發現的經卷，毫無疑問是藏經洞出土的，王道士發現藏經洞後，王喇嘛向他要點經卷做功德放在佛像裡，是順理成章的；敦煌在發現藏經洞以前是沒有寫經的。范華同志不搞研究，他的看法是感性認識，但是我覺得完全合理。試想：斯坦因當年到莫高窟，沒有見到王道士之前就在一位青年和尚那裡見到一卷很好的藏經洞出土的佛經。一般的小和尚尚能得到，主持喇嘛就更有可能了。斯坦因在《敦煌秘藏運英記》中寫道：「余蒙此青年和尚熱心指引，殊覺榮幸；彼言另一西藏喇嘛——時已出外云游——曾借出古寫本一卷，謂可以為彼之小經堂增光……蔣師爺慈惠和尚將該寫卷取出一閱。該卷為悅目之紙捲筒，余等就地展閱，其卷約 15 尺長，紙為淡黃色，成色甚新……」[5]至於藏經洞發現之前，敦煌不會有寫經之事，雖不能說絕，但不會很多。眾所周知，自明代築嘉峪關之後，到雍正三年（1725）之前，敦煌的歷史可稱道者不多。雍正時從甘肅各地遷移 2000 多戶百姓到敦煌，築城屯田，在這些人當中，能帶幾十件像土地廟出土的北朝寫經到敦煌者，幾無可能。

　　1977 年敦煌文物研究所資料室發表《敦煌文物研究所藏敦煌遺書目錄》，並附有說明文字一篇。此目錄包括了土地廟出土的寫經，但這部分寫經與藏經洞出土有無關係也未加說明。[6]敦煌研究院（前敦煌文物研究所）的研究人員，一般來說，對閻文儒先生的觀點深信不疑，即：土地廟寫經來源於藏經洞。閻先生說：

5　史泰英（斯坦因）作、亞格摘譯：《敦煌秘藏運英記》，《風土什志》第 1 卷第 5 期，1945 年 4 月。

6　《文物資料叢刊》（1），文物出版社 1977 年版。

　　1944 年 8 月 30 日，我們住在莫高窟的時候，國立敦煌文物研究所因建職員宿舍，在中寺後園土地廟殘塑像內發現了六朝殘經 67 卷，殘片 1 包……這像是王道士所造的，在塑像時為修功德，他特將許多石室中的卷子，纏在像的中心柱內。[7]

　　閻先生認為是王道士所為，似欠考慮。因為中寺是喇嘛的廟產，王道士自不能染指，由於閻先生是當年的監驗人，當時他們曾議論過此事，眾人有此一說亦未可知。閻先生是我的老師，在他生前未曾請教，今已成憾事。李浴先生當年也是國立敦煌藝術研究所的研究人員，他在《一段重要而難忘的經歷——敦煌藝術研究所二年》一文中也認為土地廟出土的寫經是藏經洞山上的文物：

　　總計這個千佛山的常住人口不超過 30 名，一年之中也不會有幾個客人。因此這裡又是一個做研究工作的世外桃源，又是一個但聞白楊蕭蕭，九層樓鐵馬叮咚斷腸聲，靜得可怕而又生活艱苦的世界，就在這個環境裡卻也出了兩件重要的大事。第一件是 1944 年 8 月底研究所（即中寺）後院小廟裡發現了藏經，這個小廟是清末王道士所建，裡面有一個不堪一睹的塑像，清除這裡的塑像是為了當作工人的住房之用，在打碎塑像之後，意外地發現了纏繞塑像骨架上的經卷，這些也是王道士所發現的石室藏品……[8]

　　雖然我們已舉了三人作「人證」，但還得有「物證」。這物證不是

7　閻文儒：《莫高窟與敦煌》，向達等著《敦煌》，學習書店 1951 年版，第 33 頁。
8　《敦煌研究》1994 年第 2 期。

別的，就是土地廟出土物本身。這還得從敦煌研究院的藏品説起。

敦煌研究院的藏品，入藏登記時，有「來源」一項，如某某捐獻、土改沒收地主、購自北京、某某經手購自敦煌、土地廟出土，等等。但是，有 300 多件未註明來自何處。據當年經手登記的萬庚育女士相告，1954 年登記前，這 300 多件裝在一個麻袋裡，卷子凌亂，有長有短，常書鴻所長告訴她，這全是藏經洞的出土物。因不屬於捐贈、收購、沒收，所以來源一項也沒有註明。又據新中國成立前就來敦煌工作的孫儒僩先生的回憶，新中國成立初年，曾聽説在敦煌城牆中發現被埋的裝有寫經的一隻麻袋。當時政府部門如果得到這些東西，一定會給研究所的。此事有兩種可能：一是新中國成立前為了逃避官府勒索，一是土改時為了不被沒收。自從藏經洞文物出土以後，至斯坦因、伯希和東來之前，王道士又是送給官府又是送給財主，向達先生在《西征小記》中曾提到藏經洞發現後，「而自光緒二十五年五月二十五日藏書發現，以迄於三十三年斯坦因東來之間，自有不少流入達官貴人以及當地人士之手」[9]。劫餘之物運往北京前後，王道士私藏、被偷竊亦復不少。藏經洞的一小部分寫經，曾被裝成兩個轉經桶置於敦編第 351 窟內，以備善男信女轉經。這可能是王道士這個「貌頗機警，狡猾而又神經，其面容鬼祟，無勇氣，但一望而知為難馴之輩」（斯坦因語）當年搞的詭計。向達《西征小記》又記：「而二轉經桶中之所藏者，亦於民三前後散佚。」[10]可見這是掩人耳目的一種手段。敦煌文物赫赫於世以後，敦煌為官者乃至甘肅為官者，甚而至於行伍出身的軍

9　原載《國學季刊》第 7 卷第 1 期，後收入《唐代長安與西域文明》，生活・讀書・新知三聯書店 1957 年版，第 367 頁。

10　原載《國學季刊》第 7 卷第 1 期，後收入《唐代長安與西域文明》，生活・讀書・新知三聯書店 1957 年版，第 367 頁。

人，皆成「斯文有識之士」，以得到敦煌寫經為快慰。更有甚者，據向達先生在《西征小記》中說：

　　民初張廣建長甘，以石室寫經為買官之券，民間所藏幾為一空。民二十二年任美愕先生漫遊西北，至於敦煌。民二十五年於英京晤任先生，話及此游，謂曾在敦煌一人家見到寫經近二百卷。則敦煌私人所藏固未盡也。民二十七年知敦煌縣事某君於石室寫經有特好，因此迭興大獄，鎖銀鐺者不絕於途。匹夫無罪，懷璧其罪，此之謂也。自是而後敦煌人遂視此為禍水，凡藏有石室寫經者，幾無不諱莫如深，動色相告。余於三十一年十月抵敦煌，以之詢人，輒不之應。三十二年二月以後，始輾轉獲見二十餘卷。[11]

　　由此可知，我上面說的兩種可能，皆因視寫經為「禍水」而埋於城牆內的。因此，愚意以為，經萬庚育女士細心整理登記的那一麻袋，可能就是取自城牆的「那一麻袋」。這一麻袋零星寫本，看來收藏者得手的時間早於土地廟出土寫經的 1944 年，應是藏經洞的出土物。

　　1977 年發表《敦煌文物研究所藏敦煌遺書目錄》時，我們在編目過程中發現過一些可以綴合的卷子，當時就給予註明，它們是：

　　0124+0014（土）+0013（土）+0015（土）《中論》之《觀行品》《觀佛合品》《觀有無品》；

　　0135+0136+0129《金光明經》卷二四《天王品第六》；

　　0194+0145+0166《太子瑞應本起經》捲上；

11　原載《國學季刊》第 7 卷第 1 期，後收入《唐代長安與西域文明》，生活‧讀書‧新知三聯書店 1957 年版，第 367—368 頁。

0195+0173《大方廣三戒經》卷中；

0241+0164《佛說齋經》；

0027（土）+0028（土）《優婆塞戒經》之《波羅密品第十八》《雜品第十九》；

0208+0228《優婆塞戒經》卷三《受戒品第十四》；

0296+0297《深密解脫經》卷三《聖者彌勒菩薩問品》；

0167+0257《賢愚經》卷三《出家功德屍利苾提品第二十二》；

0025+0026《大智度論》卷六《大智度初品中.十喻釋論第十一》；

0150+0266《小品般若波羅蜜經》卷一 《隨知品第二十》；

0307+0217《金光明經》卷二《四天王品第六》；

0086+0079《金剛般若波羅蜜經》。

1984 年，我奉命籌備翌年赴日中國敦煌展。日方希望展出的寫本最好都是《妙法蓮華經》，因此我對院藏的《法華經》又檢索一遍，發現土地廟出土物與新中國成立後的零星收藏品竟可以綴合。當時將 19 個號綴合成了 8 件，具體情況是：

0267+0256+0040（土）；

0035+0218+0222（土）；

0277+0111；

0107+0158；

0175+0046（土）+0038（土）；

0179+0110；

0196+0112；

0083+0074。

（以上所列號碼後的「（土）」，表示該卷為土地廟出土物。）

1998 年，我奉命編輯《甘肅藏敦煌文獻》，河東、河西走了一趟，

最後回到敦煌。我們鑑定組完成了敦煌市博物館、敦煌研究院兩家藏品之後，我又繼續在院裡工作了幾天，把我印象中認為可以拼接的《大般涅槃經》卷子取來，與《大正藏》進行核對，結果將 29 個號拼接成14 件，其中有一件是土地廟出土物與 1954 年「那一麻袋」中的一件綴合（0125+0056－1），有一件是 1955 年購自敦煌民間的 20 件寫經中的某件加「那一麻袋」中的一件再加土地廟出土物，雖不能直接綴合，但經品、紙、字、界欄完全相同（0305+0130+00556－3）。需要說明的是：我只是簡單地查對，而且僅限於敦煌研究院所藏的《大般涅槃經》。我雖沒有進一步做工作，但已經知道的還有《維摩詰經疏釋》（未能考出作者為誰），土地廟出土的有兩件，零散收集的有 6 件，紙、字、兩面書寫等完全相同。

此次我們在鑑定過程中，往往碰見字、紙、界欄相同的寫卷，一查對，有的完全可以綴合，有的僅缺幾行，它們是：

0126、0137、0238《首楞嚴三昧經》卷下（因殘破而缺行）；

0237+0317《太子瑞應本起經》捲上（僅缺幾行）；

0215+0187《太子瑞應本起經》捲上；

0286+0192《須摩提菩薩經》（法護譯本）；

0171+0143《大智度論》卷三三《釋初品中.彼岸義第五十》；

0321+0044（土）《鞞婆沙論》卷一四《中陰處第四十一》；

0052（土）+0224+0264《大智度論》卷三三《釋初品中.到彼岸義第五十》；

0262+0162《優婆塞戒經》卷三《受戒品第十四》。

在這批寫本中，凡 0300 以上的卷號都是 1995 年從老鄉處收購的20 件中的。

如果上述這些「證據」還欠有力的話，1997 年日本青山杉雨先生

的兒子青山慶示先生捐贈給敦煌研究院的寫經，居然和敦煌市博物館
藏品、敦煌研究院零星收集品及土地廟出土品可以天衣無縫地綴合，
它們是：

0309+0311+青山捐贈品 5+敦博 003《修行本起經》之《遊觀品第
二》《出家品第四》；

青山捐贈品 6+0056（2）（土）《大般涅槃經》卷二三《光明遍照高
貴德王菩薩品第十之四》；

敦博 006+青山捐贈品 7《大般涅槃經・迦葉菩薩品第十二之六》。

這三件總該是「證據確鑿」了吧？

還有，就現在初步整理的情況已知：與敦研＋青山贈品＋敦博的
那件《修行本起經》同紙、同字、同界欄的，敦煌研究院藏品還有兩
件，比對《大正藏》，一件在其前，一件在其後，與其相接者，英倫、
巴黎、北京、東京藏品全有可能。

我的結論是：土地廟出土物源自藏經洞。

有同志曾問及為何土地廟出土品多為北朝寫本？王道士愚昧無
知，怎會把好東西留給敦煌？就我所知，不僅敦煌研究院藏品多北朝
寫本，敦煌市博物館藏品也多北朝寫本。愚意以為，據斯坦因《敦煌
秘藏運英記》所載，精美的絹畫當時放在藏經洞的底層靠近洪辯「床
座」的西邊。這告訴我們一個信息：當年入藏所有東西的時候，不是
倉促亂堆，而是有考慮的。又，藏經洞的佛經分「帙」包藏，這是眾
所公認的。敦煌研究院和敦煌市博物館藏北朝寫本，主要是《大般涅
槃經》。從已知的情況來看，雖只缺《金剛身品》《名字功德品》《一切
大眾所問品》《嬰兒行品》，但已有的品十分不全。看來，敦煌這「近
水樓台」得的竟是一部殘品《大般涅槃經》，入藏藏經洞時說不定就是
殘卷一包。眾所周知，長興五年（934）三界寺比丘道真曾有過「尋訪

古壞經文收人寺（中），修補頭尾，流傳於世」之舉。面對這一部「古壞」的《大般涅槃經》，真讓人感慨當年道真此舉之艱難。正由於它不全且殘，王道士送人裏人塑像，也就順理成章了。雖然如此，敦煌研究院、敦煌市博物館所藏之《大般涅槃經》，紙好、字好。書法家徐祖藩和我們一起鑑定時，天天樂而忘疲。當然，不完整總是個遺憾。感慨之餘，我們也還抱有一線希望：有朝一日，世界各地的北朝時期寫的《大般涅槃經》湊在一起，說不定它是完璧無缺的天下第一經呢。

（原載《敦煌研究》1999 年第 2 期）

法照與敦煌初探

以 P.2130 為中心

　　在中國淨土教發展史上，乃至唐以後中國佛教的發展史上，法照是一位重要人物。法照的歷史作用，由於敦煌藏經洞出土的文獻，更為人所共識。

　　日本學者廣川堯敏説：「考慮中國淨土教禮讚的歷史時，一再感到敦煌文獻的存在是多麼的重要！禮讚史上重要的中國淨土教祖師當中，由於敦煌文獻及其禮讚的發現而顯現的祖師有彥琮、慈愍、法照三位。而且以前不知道的善導門徒、法照門徒的眾多禮讚也開始映入我們的眼簾。中國的禮讚歷史，始於曇鸞，善導確立了程序、組織，到了法照集大成。」[1]

　　巨著《鳴沙餘韻》《三階教之研究》的作者矢吹慶輝博士説：「有關法照的資料，從敦煌出土了如此豐富這一點來考慮，可以推想法照

1　筆者摘譯自廣川堯敏《禮讚》一文，見《敦煌と中國佛教》，（日本）大東出版社 1984 年版，第 425—470 頁。

的唸佛教，從晚唐到宋初，在敦煌地區相當盛行。」[2]

日本著名學者、佛教史專家塚本善隆説：「法照可以與唐太宗、高宗時代的善導相提並論，是代宗、德宗時代淨土教史上的傑出代表。敦煌文物出土以後，唐末、五代直至宋初，法照在敦煌淨土教的地位，在善導之上。」[3]

中國著名學者湯用彤先生説：「（法照）大曆中止衡州云峰寺，開五會唸佛之説，謂五日為一會。代宗尊為國師，世稱為五會法師。法照之後，廬山蓮社故事乃大傳於世。（與法照同時之飛錫著《唸佛三昧寶王論》，始言及遠公在山立誓事，然所記不涉及蓮社高賢故事。）相傳法照慕遠公遺跡，乃至匡山。則此故事之流行，即不起於法照，然而必與彼之巡禮有關……中唐以前，彌勒似猶見奉行，故彌陀派著論嘗辟之。但法照之後，兜率往生之思想已漸漸滅，故匡山結社共生西方之各種傳説，乃獨見知於後世。」[4]

對於這樣一位人物，歷史記載不少，今人的研究也不少，神祕色彩也不少，然而遺憾也不少。「法照與敦煌」尚未有人專門論述，故而我想試作「初探」。

一、法照資料

有關法照的資料，最重要的可能莫過於《章敬寺法照和尚塔銘》

2　佐藤哲英：《法照唸佛讚について》（下）提到矢吹慶輝這一評論，見《佛教史學》第 3 卷第 2 號，第 39 頁。

3　塚本善隆：《南嶽承遠傳とその淨土教》，《塚本善隆著作集》第 4 卷，（日本）大東出版社 1974 年版，第 513—514 頁。

4　湯用彤：《隋唐佛教史稿》，中華書局 1982 年版，第 192—193 頁。

（以下簡稱《法照塔銘》），鏡霜述並書。按照一般塔銘慣例，內容當有法照的籍貫、俗姓、何時出家、受學於誰、何時入寂等記載。遺憾的是此碑早已不存，碑文也沒有傳下來，人們僅能在南宋時代修的《寶刻類編》卷八見到碑目。[5]③碑文作者鏡霜其人，僧傳不見記載，但日本僧人圓仁《入唐求法巡禮行記》（以下簡稱《巡禮行記》）卷三「會昌元年二月八日」條下有記載，曰：「又敕令章敬寺鏡霜法師於諸寺傳阿彌陀淨土唸佛教。廿三日起首至廿五日，於此資聖寺傳唸佛教。又巡諸寺，每寺三日，每月巡輪不絕。」法照、鏡霜都是章敬寺的，材料應是最為翔實可信的。

儘管《法照塔銘》已不復存在，但其他碑誌、僧傳、典籍中收錄的材料卻不少，主要有：

1.唐呂溫《南嶽彌陀寺承遠和尚碑》（以下簡稱《承遠碑》），見《全唐文》卷六三〇，中華書局影印本，第 6354—6355 頁。

2.唐柳宗元《南嶽彌陀和尚碑並序》（以下簡稱《彌陀和尚碑》），見《柳河東集》卷六；亦見《全唐文》卷五八七，中華書局影印本，第 5934 頁。

彌陀和尚即承遠，是法照的師父。法照很重師徒情誼，代宗時期，自己成了國師，向朝廷「奏陳師德，乞降皇恩」[6]，於是「天子南向而禮焉。度其道不可征，乃名其居曰般舟道場，用尊其位」[7]。正因為法照為其師請封號，故而呂溫、柳宗元都在承遠的碑銘中寫了法照此舉，為我們保留了最早的有關法照的可靠資料。

---

5 有關《章敬寺法照和尚塔銘》的情況，請參見塚本善隆《唐中期の淨土教》，第 209—470 頁。

6 呂溫：《南嶽彌陀寺承遠和尚碑》，《全唐文》卷六三〇，第 6354—6355 頁。

7 柳宗元：《南嶽彌陀和尚碑並序》，《全唐文》卷五八七，第 5934 頁。

3. 《巡禮行記》卷二記開成五年（840）五月一日，圓仁在五台山竹林寺「齋後，巡禮寺舍。有般若道場，曾有法照和尚於此堂唸佛，有敕諡為『大悟和尚』。遷化來二百年（二年之誤），今造影安置堂裡。又畫佛陀波利儀鳳元年來到台山見老人時之影」。法照死後敕諡「大悟和尚」一事，賴圓仁而留存下來。又，據圓仁的記載，法照死於開成三年，即 838 年。

4. P.2130 寫本的開頭部分，雖然首部殘缺，但是仍有 30 行是有關法照歷史的。其中有幾項是別的材料中所沒有的：（法照得文殊、普賢授記以後）「各收拾三衣瓶缽，行往五台。住經半月已來隨喜頂禮。諸老宿並不放坐，便下五台縣山寺安居。是時，太原地界所由告節度使口□□訓，延人太原城內居住。其年（大曆七年，即 772 年）有敕，天下置般舟道場。諸寺眾□申拔於節度使，請法照和尚為道場主（據《觀行儀》卷下，大曆九年初冬十月於北京龍興寺再述《淨土唸誦觀門》，可能就是為此而作的，北京即太原）……經旬日即有數千人誓為法照唸佛弟子，各請願聞終身修行。於太原一住十有七年。去貞元元年（785），節度使馬遂（燧）人太原，奉敕知（此處疑有脫漏）。昨貞元四年正月廿二日延人京中。」（筆者按：由「昨貞元四年」可知此件撰於貞元五年，即 789 年）

5. P.3792v3 有頭無尾，只有六行，但十分重要。除日本學者廣川堯敏曾引用過其中的一條材料外，似乎未引起更多人的注意。因為材料不長，我把它第一次全文公佈：

南涼州禪師法照，懇心禮五台山寺，見聖菩薩，略述行由，號曰《唸佛大聖竹林之寺贊佛文》。其禪師本管涼州，年十一出家，至廿歲在衡州山寺居□。去大曆五年春三月，□眾堂吃粥處，於缽內遙見五

台山。法照亦不敢說。經兩日，依前龕內再現，然後具說。其時眾中有二老宿，曾到台山……

　　敦煌遺書中，「涼」「梁」不分的情況時有所見，又由於法照曾在南嶽修行，學者們都認為法照應是梁州人。此事容後探討。這裡且說P.3792v3 為我們所提供的別的文獻中沒有出現的幾條材料：一是法照「本管（貫）涼州」，二是他 11 歲出家，三是 20 歲在衡州。

　　6. 宋贊寧《宋高僧傳》卷一一《感通篇・法照傳》（以下簡稱《本傳》），見《大正藏》第 50 冊，第 844—845 頁。

　　7. 宋延一《廣清涼傳・法照和尚入化竹林寺》，見《大正藏》第 51 冊，第 1114—1116 頁。

　　8. 宋戒珠《淨土往生傳・唐五台山釋法照傳》，見《大正藏》第 51 冊，第 121—122 頁。

　　9. 南宋志磐《佛祖統紀》卷二六《淨土立教志第十二之一・蓮社七祖》，見《大正藏》第 49 冊，第 263—264 頁。

　　10. 南宋宗曉《樂邦文類・蓮社繼祖五大法師傳》，見《大正藏》第 47 冊，第 193 頁。

　　11. 唐王士詹《五台山設萬僧供記》，見《全唐文》卷六二一，中華書局影印本，第 6267 頁。

　　12. 宋贊寧《宋高僧傳・佛陀波利傳》，《大正藏》第 50 冊，第717 頁。

　　13. 南宋志磐《佛祖統紀》卷二六《蓮社七祖》中之善導、承遠二人之「記」，《大正藏》第 49 冊，第 263 頁。

　　14. 宋張商英《續清涼傳》捲上，《大正藏》第 51 冊，第1129 頁。

　　15. 北宋遵式《往生西方略傳》。此傳早已散佚，然而有關法照的

部分賴日本成覺房幸西編的《唐朝京師善導和尚類聚傳》而保存下來。[8]

16. 宋贊寧《宋高僧傳》卷第二七《智顗傳》,《大正藏》第50冊,第881頁。

17. 北宋王古《新修往生傳》卷下。

18. 南宋陸師壽《〈新編古今往生淨土寶珠集》（以下簡稱〈〈寶珠集》）。[9]

19. 法照自著《淨土五會唸佛誦經觀行儀》卷中、卷下（以下簡稱《〈觀行儀》）。[10]

20. 由日本高僧帶往日本的傳世本《〈淨土五會唸佛略法事儀贊一卷並序》（以下簡稱〈略贊》）自題:「南嶽沙門法照於上都章敬寺淨土院述。」據 P.2130,法照人長安在貞元四年（788）,此《略贊》當作於788年之後。此文已收人《〈大正藏》第47冊。

二、關於法照的研究

法照與敦煌佛事活動、敦煌佛學、敦煌文學的關係很大。中國敦煌學者,在敦煌文學研究領域一向處於領先地位,尤其是對變文、講經文、曲子詞、歌辭、王梵志詩的研究,成果山積,人才輩出。但對

8　〔日〕塚本善隆:《唐中期の淨土教》,第319頁。

9　王古、陸師壽所撰法照傳,筆者未見,日本塚本善隆曾引用。據他說,王古的《新修往生傳》的記事與《廣清涼傳》類似,而陸師壽的《寶珠集》與《宋高僧傳》接近。見塚本善隆《〈唐中期の淨土教》,第317—318頁。

10　P.2066《淨土五會唸佛誦經觀行儀》卷中題「南嶽沙門法照撰」（全）。卷下無完整的本子,由 P.2250（有首無尾）,P.2963（無首有尾）據題記,此件為乾祐四年（951）寫本。兩件復原而成完本。《淨土五會唸佛誦經觀行儀》卷中、卷下已收人《大正藏》第85冊古逸部、疑似部中（見《大正藏》第85冊,第1242—1266頁）。

法照這位贊文作者和編輯者，卻很少有人做專門研究，不能不説是一種遺憾。湯用彤先生在〈隋唐佛教史稿〉中談到唐代淨土教時曾兼及法照的貢獻，並考證了法照的出生地，可謂鳳毛麟角。任半塘先生的《〈敦煌歌辭總編〉收有 P.2066 法照《出家樂》《歸去來》（《寶門開》）《歸去來》（《歸西方贊》）等三篇贊文。[11]杜斗城先生的《敦煌五台山文獻校錄研究》收有 P.4641、S.0370、P.2483—1 法照弟子讚頌法照的《五台山贊文》三篇，並對法照事蹟進行簡單考證。[12]趙聲良先生在《莫高窟第 61 窟五台山圖研究》一文中有關於「法照和尚庵」「竹林之寺」的畫面解釋。[13]但這些都不是法照專題研究。

日本學者對法照的研究，50 年代曾形成高潮。最早研究者是《望月佛教大辭典》的編撰者望月信亨先生。[14]最系統的研究是塚本善隆的《唐中期の淨土教》一文，此文有個副標題——「著重對法照禪師的研究」，全文長達 299 頁，分 11 節，其中有 7 節是專論法照的。考慮到一般人不容易看到《塚本善隆著作集》，我把冢本善隆《唐中期の淨土教》的目錄翻譯於下：

　　1. 序説——中國佛教的性質和淨土教；

　　2. 代宗、德宗時代的長安佛教；

　　3. 代宗、德宗時代的長安佛教各宗派；

　　4. 淨土教的發達、普及；

11　上海古籍出版社，1987 年（2006 年重版），第 918、1063、1066—1067 頁。任半塘先生在《敦煌曲初探》第 2 章《曲調考證》和第 5 章《雜考與臆説》中也曾提及法照。上海文藝聯合出版社 1954 年版，第 79、247 頁。

12　山西人民出版社，1991 年，第 45、66—70、104—105 頁。

13　《敦煌研究》1993 年第 4 期。

14　〔日〕望月信亨：《法照禪師の事蹟及び教義並に中唐時代於ける禪對唸佛論》，見《摩訶衍》1－1 所載。又望月信亨《淨土教之研究》再版所收。

5. 法照傳研究資料的研討；

6. 法照傳考；

7. 法照的著述；

8. 關於五會唸佛；

9. 五會法事贊所收的贊詩；

10. 飛錫、少康的唸佛教；

11. 法照的淨土教；

12. 余論—法照淨土教和日本淨土教的關係。

此外，佐藤哲英博士對龍谷大學所藏的敦煌本《淨土教贊文集》的介紹、研究在日本學術界影響很大。[15]藤原凌雪、廣川堯敏的研究則各有側重：藤原先生著重介紹法照作為「後善導」在佛教史上的地位；廣川先生則對敦煌出土與法照有關的資料，著眼於「贊文」的研究。[16]

三、法照其人其事

關於法照其人其事，儘管我在前面列了 20 件文獻資料，卻沒有一件能說明他的全部歷史，甚至連大致的梗概都未能勾勒。《本傳》《廣清涼傳》《淨土往生傳》《佛祖統紀》等把法照說得神乎其神，其他碑

15　佐藤哲英博士著有一系列論文：《法照和尚唸佛贊解説》，《西域文化研究》第 1 卷；《敦煌出土法照和尚唸佛贊》，〈〈西域文化研究〉》第 6 卷；《法照和尚唸佛贊について》（上、下），《佛教史學》第 3 卷 1、2 號；《法照和尚唸佛贊乃紙背文書について》，《佛教學研究》第 5 號。

16　參見藤原凌雪著：《後善導としての法照禪師》，《龍谷大學論集》343 號；廣川堯敏著：《禮讚》，《講座敦煌》第 7 冊《敦煌と中國佛教》，第 451—463 頁；又，廣川堯敏著：《敦煌出土法照關係資料について》，《石田充之博士紀念論文集》，第 178—215 頁。

傳又不是專記法照，因而法照史蹟始終撲朔迷離。自從敦煌藏經洞出土諸多文獻以後，除籍貫尚有異議以外，其他方面大致清楚了。現分述於後。

先說姓氏、籍貫，有關這個問題的材料有：

P.3792v3 稱：

南涼州禪師法照，懇心禮五台山寺，見聖菩薩，略述行由，號曰《唸佛大聖竹林之寺贊佛文》。其禪師本管涼州（我以為「本管」當為「本貫」之誤，管貫音近）。

《本傳》稱：

釋法照，不知何許人也。

《廣清涼傳》稱：

釋法照者，本南梁人也，未詳姓氏。

《淨土往生傳》稱：

釋法照，不知何許人。

《新修往生傳》稱：

釋法照者，本南梁人也（未詳姓氏）。

《寶珠集》稱：

釋法照，不知何許人也。

P.4641《五台山聖境贊》云：

南梁法照遊仙寺，西域高僧入化城。

P.3645、P.2483《五台山贊文》稱法照為「涼漢禪師」，而 S.370 則又寫成「梁漢禪師」。《略贊》有一則《五會唸佛》，是專門解釋五會唸佛山在何文以及什麼叫五會唸佛的。在小標題「五會唸佛」之下，有很長一段小注，曰：「梁漢沙門法照，大曆元年夏四月中起，自南嶽彌陀台般舟道場依《無量壽經》作。」此文的作者是法照，如果這條注是原注的話，則法照自稱為「梁漢沙門」。綜合上列資料，法照的姓氏（俗姓俗名）不得而知，而其籍貫則有幾種說法：

A. 不知何許人也；
B. 本南梁人；
C. 南梁法照；
D. 南涼州禪師法照，本貫涼州；
E. 梁漢禪師法照（自稱「梁漢沙門」）。

如果我們用「去偽存真」的辦法，有兩條可以先「去」掉：一是「不知何許人」，一是「南涼州」。

「不知何許人」的說法原出於《本傳》，儘管作者在其《後序》中說：

　　贊寧自至道二年奉睿恩，掌洛京教門事，事簡心曠之日，遂得法照等行狀，撰已易前來之闕如，尋因治其本，雖大義無相乖，有不可者以修之。

　　也就是說，法照的傳，他是依據法照「行狀」寫的，但仍不知其鄉里。而日本高僧圓仁帶回去的比《宋高僧傳》成書早140多年的《略贊》中有「梁漢沙門法照」，比《宋高僧傳》晚出的《廣清涼傳》等又說是「本南梁人」，再加上敦煌文獻中有「本貫涼州」，我們就不能再說「不知何許人也」了。

　　「南涼州」說只見於敦煌文獻。在敦煌文獻中「涼」「梁」不分的現象並不罕見。《新唐書・地理志四》興元府漢中郡條稱：「興元府漢中郡，赤。本梁州漢川郡，開元十三年，以『梁』、『涼』聲相近，更名褒州，二十年復曰梁州。」可見政府也曾注意到這種現象。以敦煌文獻為例，《五台山贊文》中的同一句話，「梁漢禪師」「涼漢禪師」並存。再者，中國歷史上沒有「南涼州」的建置。因此「南涼州」可能是「南梁州」之誤（詳後），而「南涼州」之說可棄之不存。

　　「本南梁人也」是法照籍貫的一種說法。「南梁」即南梁州。唐代曾有過「南梁州」的建置，地點是今天的邵陽市，是在隋代建州的基礎上改置的。但唐代的南梁州只存在過十幾年，武德四年（621）置，貞觀十年（636）就改掉了，此時法照尚未出世。再者，北宋延一《廣清涼傳》、王古《新修往生傳》時，湖南的邵陽已不屬「南梁州」，當另有所指。結合法照自稱「梁漢沙門」來考慮，《廣清涼傳》的「本南

梁人也」應是歷史上的南梁州，原為蕭梁所置，即今四川劍閣縣。[17]關
於南梁州的來龍去脈，王仲犖先生在《北周地理志》上有考證：「《輿
地紀勝》引王隱《晉書》云：魏咸熙元年克蜀，分廣漢、巴、涪陵以
北七郡為梁州⋯⋯自夏侯道遷舉漢中降後魏，梁於北巴西郡僑置梁
州，所謂南梁州，而謂此梁州（治漢中）為北梁州。」

　　「梁漢」是法照籍貫的又一說。前輩學者湯用彤、塚本善隆都採用
此說。[18]湯先生的考證精闢可靠，引錄於下：

　　舊稱法照為「梁漢沙門」，又曰南梁州人。按「梁漢」一名首見
《北周書·崔猷傳》，指梁州與漢中。傳曰「魏恭帝元年（554），太祖（字
文泰）欲開梁漢舊路，乃命猷督儀同劉道通、陸騰等五人，率眾開通
車路，鑿山堙谷五百餘里，至於梁州」云云。據此法照確為劍北地方
蕭梁所置南梁州人也。法照與其師承遠俱生於蜀，游於南方，遠在南
嶽。而照則謂曾自東吳至廬山，後乃至衡峰師事承遠。此事亦頗有關
淨土教史也。[19]

　　湯用彤先生及塚本善隆先生均未見 P.3792v3，在當時情況下，他們
的考證無疑是正確的。現在，結合 P.3792v3，我以為法照的籍貫應以
「本貫涼州」為準，也就是說，他的祖籍是涼州。法照自稱「梁漢沙

17　《隋書·地理志》普安郡條下稱：「梁置南梁州，後改為安州，西魏改為始州。」普
　　安舊曰南安，領七縣：普安、永歸、黃安、陰平、梓潼、武進（舊曰武功）、臨津。
　　同卷巴西郡條下稱：「梁置南梁、北巴州，西魏置隆州。」巴西郡統縣十：閬內、南
　　部、蒼溪、南充、相如、西水、晉城、奉國、儀隴、大寅。雖兩郡都可稱「南梁」，
　　但從「梁漢」一詞並結合地理位置考慮，應以前者為是。

18　塚本善隆關於「梁漢」的考證，請見《唐中期の淨土教》，第326—332頁。

19　湯用彤：《隋唐佛教史稿》，中華書局1982年版，第192—193頁。

門」可能是他的出家地。

次說法照生平。

據 P.3792v3，法照「年十一出家，至廿歲在衡州山寺居□，去大曆五年春三月，□眾堂吃粥處，於鉢內遙見五台山，法照亦不敢說。經兩日，依前鉢內再現……」這是目前為止唯一可以據此推算法照生年的材料。敦煌藏經洞文物出土以前，有關法照的事跡，都是從他在衡州云峰寺的感應故事——食鉢中見五色云及五台山寺院開始的。但發生這一感應故事的時間，各種材料的說法不盡一致：

P.3792v3 說是「大曆五年春三月」。

《本傳》稱：「大曆二年，棲止衡州云峰寺，勤修不懈，於僧堂內粥鉢中，忽睹五彩祥云……」

《廣清涼傳》稱：「唐大曆二年二月十三日，南嶽云峰寺食堂內食粥，照向鉢中，見五台山佛光寺……」

《淨土往生傳》稱：「唐大曆二年，棲于衡川（州）云峰寺，慈忍戒定，為時所歸，一旦於僧堂食鉢中，睹五色云，云中有寺……」

《新修往生傳》稱：「唐大曆二年，棲于衡州云峰寺，慈忍戒定，為時所歸，二月十三日，於僧堂食鉢中睹五色云，云中有寺……」

《寶珠集》則稱：「唐大曆三年，棲于衡川（州）云峰寺……」

綜觀上引材料，感應故事的發生地，儘管有「衡州山寺」「南岳云峰寺」「衡州云峰寺」「衡川（可能誤州為川）云峰寺」之別，但可以肯定是「衡州云峰寺」。而發生的時間，亦儘管有「大曆二年」「大曆三年」「大曆五年」之別，但大多數材料為「大曆二年」，即 767 年。

法照由感應故事而萌發了朝拜五台山的念頭，因此，離衡州赴五台山的年份，應該就是法照 20 歲時。這一年，各種材料都說是「大曆四年」，即 769 年，因而我們可以推出，法照生於 750 年，亦即天寶九

年。

關於法照的卒年，也有幾種不同的説法：

《淨土往生傳》在大曆五年（770）十二月之後記法照見到一位梵僧，梵僧云：「汝淨土華台生矣，後三年花開，汝其至矣（指往生極樂世界，即圓寂）。」法照刻石記事，並建竹林寺，寺成，不累日而卒，「向聞梵僧之説果三年」。如此説來，法照卒於大曆七年或八年。

《佛祖統紀》卷二六有具體卒年，説法照於大曆五年見佛陀波利時，「佛陀波利謂之曰：『汝華台已生，後三年，花開矣。汝見竹林諸寺，何不使群生共知之？』師（法照）因命匠刻石為圖，於見處建竹林寺，既畢謂眾曰：『吾事畢矣。』數日別眾坐逝。推波利之言，果三年也（當大曆七年也）」。上引括弧內的「當大曆七年也」幾個字系《佛祖統紀》原注。若依此説，則法照死於大曆七年，即 772 年。此説不可信。因為法照在《觀行儀》卷下有一段話，説自己於大曆九年（774）冬初十月於太原龍興寺再述《淨土唸誦觀門》。僅此一條材料，就足以説明。

日本學者在法照卒年問題上，由於他們不知道 P.3792v 這一重要文獻，就假設了個「永泰元年（765）法照 25 歲」，開成三年（838）法照已 98 歲高齡，似不可能，於是就認為《巡禮行記》的「遷化來二年」可能是「遷化來二十年」之誤。這種説法也是沒有根據的。《巡禮行記》一書有一個很有趣的現象：卷二寫到開成五年五月十六日止，但卷三竟又從四月廿八日開始，因而從四月廿八日到五月十六日重複記事。事有湊巧，有關法照的記載，正好在這一段。其記事有差異：卷二説開成五年法照「遷化來二百年」，而卷三則説「遷化年來近二年」。開成五年上推 200 年，離法照出生 100 多年，當然是記載有誤，或刊刻上有誤，因而我採用「遷化來近二年」之説。

關於兩個法照是否同為一人問題。

中國史書上，同名同姓者很多。名見經傳者尚且同名同姓者多，一般俗人就更多。法號相同的也多，本不足為奇。問題是：另一位法照的事蹟似乎可以與我們所說的法照銜接。《宋高僧傳》卷二五有《唐眛府法照傳》，全文只有 170 字左右，云：「釋法照，不知何許人也。立行多輕率，遊方不恆。長慶元年（821）人逆旅避雨，逶巡轉甚泥掉，過中時乞食不得，乃咄童子買龥肉煮，夾胡餅數枚，粗食略盡，且無恥愧，旁若無人，客皆詬罵。少年有欲驅者，照殊不答。至夜念《金剛經》，本無脂燭，一室盡明，異香充滿。凡二十一客，皆來禮拜謝過，各施衣物，照踞坐若無所睹，後不知終所。」從這一記載看，有幾點可與法照吻合：不知何許人也；不知所終；長慶元年（821）尚健在；愛「遊方」（已知他從梁漢到廬山，從廬山到南嶽，從南嶽到五台，從五台到太原，從太原到長安，只最後一次系皇帝所請，其他都是他個人自願）。總之，我偏向於兩個法照實乃一人。

為節約篇幅，列法照年表於下：

法照年表

公曆	年號	事蹟	出處
約 750	天寶九年	出生	P.3792v3 及《宋高僧傳》
760	上元元年	出家	P.3792v3
765—766	永泰中	至南嶽拜承遠為師	《南嶽彌陀寺承遠和尚碑》
766	永泰二年	四月十五日發願於彌陀台人般舟道場，二七日是夜見阿彌陀佛	《觀行儀》中

續表

公曆	年號	事蹟	出處
766	大曆元年	著「自設問答體"的《五會唸佛》	《略贊》
767	大曆二年	在衡州云峰寺於缽中見五台諸寺	《本傳》《廣清涼傳》《佛祖統紀》《淨土往生傳》
769	大曆四年	于衡州湖東寺起五會唸佛道場。六月二日見彌陀三聖,其夜遇老人,讓法照赴五台山。八月十三日自南嶽與同志數人(十人)游五台	《本傳》《廣清涼傳》《佛祖統紀》
770	大曆五年	1. 四月五日到五台縣 2. 六日到佛光寺,感應故事:見善財、難陀,並在其指引下見到文殊、普賢。二聖為其授記,至七寶園 3. 法照將其事立石記之 4. 四月八日,往華嚴寺 5. 四月十三日,法照與50餘僧人同往金剛窟。法照於其夜見佛陀波利,引法照見文殊 6. 十二月初,人唸佛道場	《本傳》《廣清涼傳》《往生淨土傳》《佛祖統紀》
771	大曆六年	江東釋慧從華嚴寺崇暉、明謙等30餘人隨法照至金剛窟,立石為志。於時又聞鐘聲,將此事書於屋壁法照建竹林寺	《本傳》《廣清涼傳》。《廣清涼傳》將此事繫於大曆十二年之後
772	大曆七年	1. 法照人太原 2. 「其年有敕,天下置般年舟道場」 3. 旬日之間,有幾千人願為法照的「唸佛弟子」	P.2130 推算

續表

公曆	年號	事蹟	出處
774	大曆九年	冬初十月，於太原龍興寺再述《淨土唸誦觀門》	《觀行儀》卷下
777	大曆十二年	九月十三日，法照與弟子八人於東台見白光，光中有文殊菩薩	《本傳》《廣清涼傳》
762—779	寶應元年—大曆十四年	「代宗於長安宮中，常聞東北方有唸佛聲，遣使尋之，至於太原，見師勸化之盛，遂迎人禁中，教宮人唸佛，亦及五會」「在代宗時，有僧法照為國師」	《佛祖統紀》《彌陀和尚碑》
785	貞元元年	節度使馬遂（滋）人太原奉敕知	P.2130，「敕知」後疑有脫文
788	貞元四年	法照人長安	P.2130
796	貞元十二年	「貞元年中，護國中尉邠（賓）國公扶風竇公，每皇帝誕聖之日，設萬僧供，命司兵參軍王士詹撰述刻石紀頌（法照）」	《廣清涼傳》《萬僧供記》（見《全唐文》）
838	開成三年	法照遷化，有敕謚為「大悟和尚」	《巡禮行記》

四、法照與敦煌

唐太宗、高宗時代的善導是淨土宗的實際創始人，人稱「阿彌陀佛的化身」。《佛祖統紀》卷二六云其一生中，以所得佈施「用寫《阿彌陀經》十萬卷，畫淨土變相三百壁，壞寺廢塔，所至修營」。當時的長安，「從其化者至有誦《彌陀經》十萬至五十萬卷者。唸佛日課萬聲

至十萬聲者」。之所以當時有這麼大的影響，主要是因為善導的一些主張，尤其是九品皆凡夫、凡夫能與地上的菩薩同入淨土的主張，深得俗人擁護。他的著作，傳世的有五種：《觀無量壽經疏》《法事贊》《觀唸法門》《往生贊》《般舟贊》。敦煌藏經洞出土的法照為之收集的有《寶鳥贊》《道場樂贊》《西方禮讚文》《西方贊》《往生樂願文》《小般舟三昧樂贊文》。

從現在我們所知的材料來看，法照在理論上不如善導，但在佛事活動的實踐上、淨土宗的發展上，法照的影響比善導大，或者說各有千秋，因而世人把法照看成是善導的化身。《佛祖統紀》卷二六引慈雲《淨土略傳》稱：「（善導）阿彌陀佛化身，至長安，聞潦水聲，日：『可教唸佛。』三年，滿長安城皆唸佛。後有法照法師，即善導和上也。」日本學者認為法照在敦煌淨土教的地位在善導之上，已如上引。法照在五台山、太原、長安的業績，在上面的年表中也已略述，這裡且述法照與敦煌。

1. 法照與敦煌五會唸佛

五會唸佛是法照首創，因而世人稱他為「五會法師」。有關五會唸佛的最早的文字記載是法照自己後來收入《略贊》的《五會唸佛》。這是一篇自設問答體的短文，文日：

五會唸佛（梁漢沙門法照大曆七年夏四月中起，自南嶽彌陀台般舟道場依《無量壽經》作）。

問日：五會唸佛出在何文？

答日：《大無量壽經》云：或有寶樹，車渠為本，紫金為基，白銀為枝，琉璃為條，水精為葉，珊瑚為花，瑪瑙為實，行行相值，莖莖相望，枝枝相準，葉葉相向，花花相順，實實相當，榮色光耀，不可

勝視，清風時發出五會音聲，微妙宮商自然相和，皆悉唸佛唸法念僧，其聞音者得深法忍，住不退轉，至成佛道。

又釋五會唸佛：五者是數，會者集會。彼五種音聲，從緩至急，惟唸佛法僧，更無雜念。念則無念，佛不二門也，聲則無常，第一義也。故終日唸佛，恆順於真性，終日願生，常使於妙理。發心有如此者，必降天魔擊法鼓，六種震動，四花繁雨，金剛寶座，正覺可期也⋯⋯此五會唸佛聲勢，點大盡長者，即是緩念；點小漸短者，即是漸急念，須會此意。

第一會平聲緩念，南無阿彌陀佛；
第二會平上聲緩念，南無阿彌陀佛；
第三會非緩非急念，南無阿彌陀佛；
第四會漸急念，南無阿彌陀佛；
第五會四字轉急念，阿彌陀佛。
五會唸佛竟，即誦《寶鳥》諸雜讚。

據上引文字而得知，所謂「五會唸佛」，就是用五種聲調、節奏來念阿彌陀佛。湯用彤先生據《佛祖統紀》以為「五日為一會」，但不知《佛祖統紀》何據而出此説。就目前所能收集到的材料來看，沒有「五日為一會」的記載。

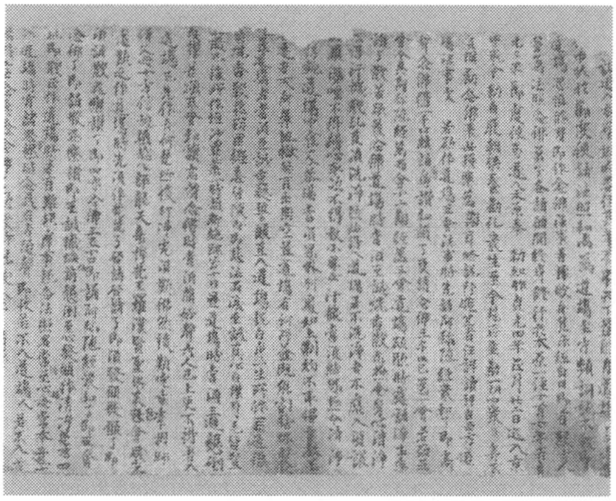

▲ 圖1　P.2130《西方道場法事文》

　　為了推行五會唸佛，法照充分利用了佛教感應故事，說是「此五會唸佛誦經法事觀門，實非自意」，是阿彌陀佛的吩咐。《淨土五會唸佛誦經觀行儀》卷中記載，永泰二年（766），法照於南嶽彌陀台安居，坐夏後第二個七日的夜裡，正唸佛時，忽見五色光明，有一道金橋，過了金橋就到了阿彌陀佛的極樂世界，見了阿彌陀佛。佛告訴法照：我知道你想「利樂有情，無一自利」，很好。我現在把「無價珍寶」託付給你。法照問是什麼，佛說是「五會念佛無價寶珠」。人們如果「遇斯五會唸佛無價寶珠，貧苦皆除，亦如病得藥，如渴得漿，如飢得食，如裸得衣，如暗得明，如過海得船，如遇寶藏心得安樂」。為什麼有如此之大的好處呢？因為任何人如果遇此法寶「便能唸佛，即此一生，定超苦海，登不退轉，速具六波羅蜜一切種智，疾得成佛」。法照聽了阿彌陀佛的一番話，表示一定依教修行。佛且表示：「但見聞者，無不發心歡喜信受而便唸佛，至命終時，我來迎接，決定有大利益。」法照從此以後更加大力推行五會唸佛，並且發誓：「普勸未來一切四眾，但依此行，盡此一行，若不生彼國（指往生阿彌陀國）疾成佛者，法照即願舌根墮落，遍體生瘡，代為諸子長處阿鼻（即十八層地獄）

受苦無窮，誓將此身以為唸佛保證。」[20]

從現有材料看「五會唸佛」雖不是「五日一會」，也絕不是簡單的「稱名唸佛」，而是佈道場做法事時的唸佛誦經方法。P.2130 就有一段《西方道場法事文》，文曰：

西方道場法事文

若欲作（同做——編者注，下同，不再標出）道場五會法事時，先誦《阿彌陀經》，眾和了，即高聲唸佛得一千口，續誦《寶鳥贊》。和讚了，更讀（續）唸佛三千口，已為一會。若欲五會全具，《阿彌陀經》為兩會，十二（六）觀經為三會。道場欲歇時，應誦《淨土樂》，讚了，散。

若欲置唸佛道場時，當須至誠燒香散花，極令身心清淨，不得污穢散亂，直須洗淨，然（後）始得入道場。若不洗淨者，不應入，須護□□□□不得慢心取次，不得教小男女污穢。當須結果，極令清淨，不得就道場中食及恭湯，當須界外別處。如上制約，不取佛言教□□口者，一入阿鼻地獄，無有出期，空置道場有何益？既能割捨珍財□□置道場者，當須至誠重發誓願，直入道場說自身一生所作罪過，佛前燒香散花，一切罪僭悉皆陳白，即悲泣雨淚，至誠真心自撲身毛皆豎。一懺以後，所作恆沙罪業一時頓斷絕跡。若十日置道場時，當須三回懇倒□口。若欲五會和贊，高聲唸佛時，當須簡好聲六

20　此處引文見《淨土五會唸佛誦經觀行儀》卷中，《大正藏》第 85 冊，第 1253—1254 頁。

人已上，更不得口。

　　入道場已，先作《云何梵》，然後打淨。先須嘆佛，然後嘆宅家、師僧父母、十方信施壇越，八部龍天、帝釋梵王、羅漢賢聖，俱來赴會，咸悉嘆之。

　　作道場時，先須作梵，梵了啟情。啟請了，即鬚髮願。發願了，即須誦《散花樂》。讚了，即回口唸佛三五十口，即誦《阿彌陀經》。眾和了，即五會唸佛了，即誦《散花樂贊》，即至誠懺悔，佛前懇倒，至心發願，作清淨梵唱，四□即散。

　　正作道場時，有諸惡事起時，唸法照名，當須至心稱念，當本遣口。作道場時，有諸惡聲起時，念我名者隨聲即救。若不入道場人，若不入道場時，空念無益。

　　唸佛了，欲散時，克數念一百法照名。

　　日本學者廣川堯敏先生把上引文字也當作「法照和尚讚仰文」，認為是法照弟子對其師法照的讚頌。這真是「智者千慮，必有一失」。其實，法照自己明明寫著「作道場時，有諸惡事起時，念我名者隨聲即救」。這也是我將 P.2130 定為法照著《淨土五會唸佛誦經觀行儀》上卷（詳後）的根據之一。

　　敦煌的五會唸佛情況，沒有專門的文字記載讓我們引用，但卻有不少佐證，讓我們推而知之——五會唸佛，盛極一時。

　　敦煌藏經洞出土的《觀行儀》上、中、下三卷就是最好的證據。

此書在藏經洞出土物中有好幾個本子。作為一種法事的儀軌，不需人人掌握，一個寺院有一本就行。就目前所知，已有 P.2066、2130、2250、2963。如有機會把所有的敦煌遺書再複查一遍，肯定還會有所發現。就現有材料看，P.2066 的書法似大中、咸通年間的敦煌遺書。P.2963 為乾祐四年（951）的抄件，卷尾有題記：「時乾祐四年歲次辛亥蕤賓之月冥雕十二葉於宕泉大聖先岩寺講堂後彌勒院寫故記。」由「宕泉」二字可知此寺在莫高窟，因為所謂「宕泉」就是莫高窟前的那條河。先岩寺抄「儀軌」，毫無疑問是為善男信女做法事用的。P.2130 是道真的寫本，他的題記是：「三界寺道真，經不出寺門，就此靈窟記。」說明三界寺也有「儀軌」抄本，而且「經不出寺門」，只供三界寺使用，當然也是為了給信眾做道場。三界寺在莫高窟，由「就此靈窟記」可知。道真在三界寺的可考年代為長興五年（934）至雍熙四年（987）。法照死後 100 多年，敦煌仍流行五會唸佛，這不能不說是淨土教史上值得大書特書的一項。

做五會唸佛法事時，要人道場懺悔，這是 P.2130 中的《西方道場法事文》告訴我們的。敦煌遺書中的「懺悔文」很多，沒有人系統整理過。以前，我只知道《佛說佛名經》中穿插有許多以「我某甲……」開頭的懺悔文，因此，凡遇到懺悔文，就不知道到底出自何處、什麼場合、幹什麼用的。現在，P.2130 完整地保存了 13 段共 66 行懺悔文，為我們提供了一種範本，為進一步深入調查提供了依據。五會唸佛時，施主們要人道場懺悔，因此，懺悔文是寺院提供給施主們用的。懺悔文的多寡和五會唸佛興盛與否成正比例。由於此項調查尚待進行，具體數字不得而知，但治敦煌遺書者都有一種印象：數量可觀。由此也可窺見敦煌五會唸佛之一斑。

敦煌遺書殘卷中，往往有回向文、發願文，而這些「文」似乎都

是套語，又不知出在何典，因此給這些文書取名為《釋子文范》。名為「文范」，固無不妥，但總不如《淨土五會唸佛誦經觀行儀》堂堂正正。在幾萬件敦煌遺書中，沒有確切定名的東西不少，就《釋子文范》而言，哪些屬於《觀行儀》，也還尚待訂正，已知 P.2130 有回向、發願、勸請、隨喜等文共 8 種。這 8 種文也是「范本」，可借此調查敦煌遺書，並給以正確定名。同時，其數量的多寡也與五會唸佛興盛與否成正比。

《觀行儀》中、下兩卷都有贊，上卷的情況，從各方面分析，也應有贊。僅中、下兩卷就有贊 48 種，《略贊》有贊 40 種，除去兩種儀軌重複的贊 21 種，共有 67 種，[21] 再加上 P.2130 的贊 16 種，總共有贊 83 種。已知有關《觀行儀》讚的寫卷共 70 件。這是很大一筆敦煌文學遺產（詳後）。這些贊不一定每次法會全念，哪些在什麼時候誦，哪些在「通一切處誦」，法照在《觀行儀》中都有規定，或在某個小標題下註明。另外，80 多種也不是全都念，《淨土五會唸佛誦經觀行儀》卷中云：「若中間諸贊，任意臨時取捨用之得耳。」然而，如果要誦某贊，必須事前背會，不能看「唱本」。《略贊》規定：「散花樂及諸贊文總須暗誦，周而復始。經贊必須精熟，不得臨時把本。」既然「不得臨時把本」（拿著本子念），那就不是道場上每個人必備，而是事前會背誦就行。因此，已知的 70 多件贊本所發揮的作用就更大。敦煌遺書中的贊本是大量的，我們還沒有徹底清理。就已知的各種贊文而言，已經足以說明敦煌五會唸佛之盛。

2. 法照與敦煌文學

法照撰集的《觀行儀》上、中、下三卷中的贊，加上後來法照門

21　這一統計數字，系採用廣川堯敏之說，見《敦煌出土法照關係資料について》。

徒寫的贊，是一大宗敦煌文學遺產。用於五會唸佛誦經的贊，到目前為止，已知有 80 多種，它們是：

彥瓊：《淨土禮讚》；

善導：《寶鳥贊》《道場樂贊》《西方禮讚文》《西方贊》《往生樂願文》《小般舟三昧樂贊文》；

慈愍：《般舟贊》《厭此娑婆願生淨土贊》《西方贊》《菩薩子贊文》；

淨邁：《觀經十六觀贊》《阿彌陀經贊》；

神英：《嘆散花供養贊》；

靈振：《極樂欣厭贊》；

法照：《淨土樂贊》《依無量壽觀經贊》《依阿彌陀經贊》《淨土五會贊》《極樂莊嚴贊》《高聲唸佛贊》《嘆彌陀觀音勢至贊》《歸西方贊》（兩種）、《西方極樂贊》《淨土法身贊》《五會贊》；

無名氏：《維摩贊》《涅槃贊》《無量壽佛贊》《觀世音贊》《大勢至菩薩贊》《出家樂贊》《請觀世音菩薩贊》《六根贊》《歸西方贊（又兩種）》《極樂五會贊》《嘆五會妙音贊》《歸向西方贊》《念佛之時見佛贊》《校量坐禪唸佛贊》《極樂寶池贊》《六道讚》《西方十五願贊》《極樂連珠贊》《四十八願贊》《西方雜讚（西方新贊）》《淨土五字贊》《厭苦歸淨土贊》《散花樂文》《相好贊》《正法樂贊》《西方樂贊》《鹿兒贊文》《相觀贊文》《願往生贊文》《般若贊文》《小道場贊文》《大樂贊文》《嘆大聖文殊師利菩薩》《藏鉤樂贊文》《父母恩重贊文》《新華台贊文》《述觀經九品往生贊文》《勸修行偈》《十願贊》《法照和尚贊》《彌勒本願贊》《西方極樂贊》《淨土行贊》《法船一去贊》《往生極樂贊文》《五台山贊文》《蘭若空贊文》《蘭若贊》《歸極樂去贊文》《法華廿八品贊文》《西方唸佛贊》《五台山勝境贊》《上都章敬寺西方唸佛贊》《五會唸佛贊》《散華樂贊》《出家贊》《辭道場贊》。

　　上列贊名，只是初步調查所得，其中《西方極樂贊》《西方念佛贊》《西方禮佛贊》等名稱重複，但內容各不相同。有許多篇名叫做某某「文」，其實都是「贊」。

　　作為敦煌文學的一部分，對五會唸佛中的各種讚的研究，似乎尚未展開。在這裡，我願意把我收集到的有關敦煌遺書卷號奉獻給大家，以便於展開研究：

　　北圖生 25、果 41、重 20、文 89、乃 74、衣 37、推 79、周 90；

　　S.263、370、382、447、779、1781、2945、3096、3287、3685、4504、5466、5473、5539、5569、5572、5581、5689、6273、6417、6631、6734；

　　P.2066、2130、2147v、2157v、2250、2483、2563v、2690v、2963、3011、3116、3118、3120、3156、3216、3242、3246、3373、3645v、3824、3839、3841、3892、4028、4572、4597、4617、4741；

　　龍谷大學藏本。

　　對於五會唸佛的這些贊，日本學者佐藤哲英對龍大藏本進行過深入的研究；廣川堯敏從敦煌出土的有關法照的資料著眼，對贊文做過目錄及統計，並進行了研究。但是，作為文學作品來研究，尚未展開。我不是搞文學的，當然是心有餘而力不足。在這一點上，我寄厚望於敦煌文學研究者。之所以上面列出了這麼多卷號，正是因為我的一片苦心之所在。

3. 法照與敦煌壁畫

　　敦煌壁畫中的西方淨土變，包括阿彌陀經變、無量壽經變、觀無量壽經變，唐五代時期繪製的占絕大多數。這些經變與淨土五會唸佛有何關係，尚待進一步研究，因為「法照與敦煌」是一個新題目。壁畫中有關法照本人的，前面我提到過的趙聲良《莫高窟 61 窟五台山圖

研究》一文已有具體畫面的解釋與研究，限於篇幅，我且從略。值得注意的是，法照死於何地、葬於何處，到目前為止，沒有發現任何記載。日本僧人圓仁的《巡禮行記》只說竹林寺前般若道場法照曾在此唸過佛，現在（指開成五年）這裡有法照的塑像或者壁畫──「今造影安置堂裡」。何以地處邊陲的敦煌知道「法照和尚庵」，並且繪入《五台山圖》，不能不給人以涼州是法照故鄉的聯想。

五、關於 P.2130 之我見

1989 年，我寫《敦煌遺書〈阿彌陀經〉校刊記》時，就曾接觸過 P.2130 卷子，引起我留心法照的事蹟。多次通讀、考察、思辨，認定它就是學者們一直想得到而未知的《淨土五會唸佛誦經觀行儀》上卷。現略論、辨析如下：

眾所周知，法照是唐代宗、德宗時期的高僧，代宗曾封其為國師。由於他開創五會唸佛，影響極大，人稱五會法師。代宗遣使至太原將其「迎人禁中，教宮人唸佛，亦及五會」（見《佛祖統紀》）。法照的主要著作都與五會唸佛有關。敦煌藏經洞被發現之前，關於五會唸佛，人們只知道有這麼一種法事，再就是日本高僧圓仁帶回去的一本書──《淨土五會唸佛略法事儀贊一卷並序》。正由於對此不甚了了，所以《佛祖統紀》說五會唸佛是以「五日為一會」。帶往日本的《略贊》曾提到有一種三卷本的五會法事儀。但《淨土五會唸佛誦經觀行儀》3 卷早已失傳。敦煌藏經洞出土的遺書中，有《淨土五會唸佛誦經觀行儀》中、下兩卷（現已收人《大正藏》第 85 冊），因原題保存完好，人們一見便知。上卷不知下落。但是我們完全可以推測：既有中、下兩卷，也一定有上卷；既然沒有發現完整的、有「首題」的上卷，那

麼上卷一定是殘卷。

法照自己在《略贊》中對三卷本有一個十分簡略的説明：「今依《大無量壽經》五會唸佛，若廣作（做）法事，具在《五會法事儀》三卷，啟贊《彌陀》《觀經》，廣説由序，問答釋疑，並在彼文。亦須具寫尋讀，流傳後世。若略作（做）法事，即依此文。」這就是説，三卷本的《觀行儀》（法照略稱其為《五會法事儀》）的內容包括幾部分：一是啟經（唸誦《阿彌陀經》《觀無量壽經》的經文）及禮讚文；二是詳細解釋五會唸佛的由來及如何做法事的程式；三是排解群疑而有問必答（實際上是自設問答）。

法照自己在《觀行儀》下卷的末尾如「跋」一樣的文字中，又對上、中、下三卷的安排有一個簡略的説明：「上來依諸聖教略述讚揚五會法事軌儀，以為三卷。前之兩卷，具有明文，意遣群疑，歸心淨國。眾等若唸誦贊行，即依前捲回向發願文，即使應知。時大曆九年冬初十月，於北京龍興寺再述《淨土唸誦觀門》。」這段話除了告訴我們「三卷本」完成於大曆九年以外，還有兩個重要內容：一是「前之兩卷，具有明文，意遣群疑，歸心淨國」，也就是説，重點在於「意遣群疑」（詳後）；二是「眾等若唸誦贊行，即依前捲回向發願文，即使應知」，這就是説，「回向發願文」在「前卷」（即上卷）。

「三卷本」的下卷，法照自己在卷首有一段開宗明義的話：「此下一卷贊，從第八贊佛得益門分出（贊佛得益門在中卷），眾等盡須用第三會唸佛和之。其贊文，行人總須誦取，令使精熟，切不得臨時執本讀之。亦通大會作（做）法事誦之。若非大會日，余一切處誦贊唸佛和之並得。廣略必須知時，應知。」上、中、下三卷分工明確。正因為下卷是從中卷分出來的，所以，除卷首是説明性文字以外，其餘全是贊文，共存 29 首贊，約 11000 字。這是準備廣做法事用的。這一卷與

考證 P.2130 無關。略作以上交代之後，姑且置而不論。

考察一下《觀行儀》中卷的內容，雖然不能說是為考定上卷提供了打開密卷的鑰匙，但是確實提供了許多線索。中卷的內容為：

《阿彌陀經》全文。在經題之下，有一個法照寫的「注」，這是一般《阿彌陀經》所沒有的。注云：「一名《小無量壽經》，後秦鳩摩羅什法師譯，宗嘉元年（宋元嘉元年之誤）求那跋陀羅重譯，名《阿彌陀經》。」將來進一步普查時，可以用此注來鑑別《阿彌陀經》是單行本，還是《觀行儀》中卷的開端。經文後，法照有一段說明，亦是儀軌的內容之一，云：「眾等每誦經了，即第二會唸佛（平上聲緩念南無阿彌陀佛）一兩會，即誦《寶鳥》《相好》二贊，應知。」這說明，誦什麼經必須誦什麼贊，這在儀軌裡是有一定之規的。

阿彌陀佛說咒，緊跟《阿彌陀經》之後，這也是一般《阿彌陀經》（受持經、供養經）所沒有的。敦煌遺書《阿彌陀經》之後，有附《往生咒》的，《大正藏》收而附之，兩咒不同，不是一回事。此咒後有咒的讀音方法及功能，並註明：「此陀羅尼及功能，作（做）法事時不需誦之。」此咒似乎是早中、晚做功課用的。咒後有法照的一段很長的說明，文曰：「咒中之字，皆依本音轉舌言之；無口者，依字讀之。右咒先已翻出流行，於晨朝楊枝淨口，散花燒香，佛像前胡跪合掌，日誦二七。若三七遍，滅四重五逆等罪，現身不為諸橫所惱，命終生無量壽國，永離女（汝）身。今更勘梵本，並對問婆羅門僧毗尼佛陀僧伽等，知此咒威力不可思議，云：『旦、暮、午各誦一百八遍，滅四重五逆，拔一切罪根，得生西方；若能精誠誦滿二十萬遍，則菩提牙生，證不退轉；滿三十萬遍，則面見阿彌陀佛，決定得生安樂淨土。』」

《往生西方記驗》，實際上，這是與《阿彌陀不思議神力傳》相差不大的一種本子。這部分，法照也有說明：「又，《往生西方記驗》，此

傳作（做）法事時不在誦限，知之。」

《寶鳥讚》後也有說明：「眾等誦《阿陀陀經》了，即誦《寶鳥讚》。誦諸讚了，發願具在讚後，即散。」

「第八，讚佛得益門」這是原有的小標題。由此我們得知，上卷應包括第一至第七門。「讚佛得益門」除講「讚佛得益」之外，又有法照的一段很長的說明。

以《觀經十六觀讚》為首的十六種讚。

「第九，化生利物門」原小標題下亦有說明，此段很短。

「第十，回向發願門。」

最後用將近 4500 字，勸人相信五會唸佛能「命畢為期，同生淨國」。為了讓人相信，首先得排遣人家的疑惑。法照為此而講述了自身經歷：永泰二年（766）坐夏時，某夜見阿彌陀佛，佛讓他傳授五會唸佛。接著，引用了《觀無量壽經》《賢護經》《禪秘要法經》《涅槃經》，還講了慧遠、謝靈運、劉遺民等 123 人廬山結社願生淨土的故事，講到了曇鸞、珍禪師、智、善導、道綽，直到慈愍。一句話，講了淨土教的歷史。

綜上所列，中卷的主要內容是：經、讚、「意遣群疑」，後者所占的比重猶大，儀軌本身只是穿插於字裡行間的小注而已。

關於上卷內容的推測，據《略讚》和《觀行儀》中卷，上卷的內容至少應有：

1. 序。據《略讚》，應該有「序」，有關五會唸佛的說明，有「莊嚴文」。

2.《觀無量壽經》。法照在《略讚》中說三卷本有《彌陀經》《觀經》，已知《阿彌陀經》列在中卷之首，下卷首尾完整而無《觀經》，則《觀經》定在上卷。又，法照在中卷「讚佛得益門」中，回答讚佛

得益時説：「贊佛得益，具有諸經。」又説：「白諸眾等：此後諸贊，隨此《彌陀》《觀經》一期法事竟，就此諸贊之中，有文長者，行人臨時不得多誦。文少者即誦徹，文長者略之，大意如此。」又説：「《六根贊》，誦《觀經》及諸讚了，即誦此贊。」總之，三卷本中得有《觀經》，既然中、下兩卷無，定在上卷。

3. 第一至第七門。中卷從第八門起至第十門，那麼第一門至第七門應在上卷。「七門」是哪七門，不得而知，到目前為止尚未發現。日本學者塚本善隆以為：中捲開端的《阿彌陀經》是第七門，抑或第七門的後半。這只是推測而已。從贊文中看，有「急要門」「速疾門」，但詳情不得而知。

4. 贊文。中卷的解釋（也就是儀軌）説，誦《彌陀》《觀經》二經之後，應誦什麼什麼贊。因此，既然《阿彌陀經》之後有 16 種贊，那麼《觀經》之後也應有贊。又，《略贊》尚且有贊 40 種，3 卷本是「詳贊」，理應更多，現 3 卷本中、下兩卷僅有 47 種贊，顯然上卷還應有各種贊。

5. 回向發願文。這一內容是法照在下卷的末尾有明確交代的。

6. 感應故事。為了「意遣群疑」，應有五會唸佛的感應故事。

根據以上考察，我們來看一下 P.2130 的內容：

1. 感應故事，殘存 30 行。P.2130 卷前部已殘，殘存部分從法照和尚的感應故事，即大曆五年法照在五台山某夜見文殊、普賢的故事開始，共 30 行。

2. 西方道場法事文，共 20 行。這一部分，往往為日本學者所忽視。它具體講五會唸佛道場如何設置，有什麼禁忌，有什麼程序。

3. 《散花樂》等贊 11 種。

4. 回向文、發願文、懺悔文，共 100 多行，這正是法照在下卷的末

尾「跋」中明確了的內容。

5.《觀佛三昧海經》，此寫經有首題，曰：「佛説觀三昧海藏經本行品第八。」有尾題，曰：「佛説觀三昧海經一卷。」奇怪的是，前面部分是「觀佛」三十二相的簡單內容，而且每「觀」一相之後，都有「三唸佛」三字注於行文的右下方，説明是做法事時的道場念誦文。後面部分的 23 行才是《觀佛三昧海經‧本行品》的第一、二兩段。這很奇怪，未抄完而終止，且寫一尾題，給人以完整感。

6.題記，文曰：「三界寺道真，經不出寺門就此靈窟記。」

上列內容，除最後一項以外，其餘都可以與「上卷」應有的內容相吻合。因此，我認為 P.2130 就是學者們要搜尋的《淨土五會唸佛誦經觀行儀》上卷。

如果我的看法能成立，也算是我對敦煌遺書研究的一點貢獻；如果不能成立，請學者專家們給予批評指正。

1994 年 8 月 6 日初稿於蘭州

（原載《1994 年敦煌學國際研討會論文集‧宗教文史捲上》，

甘肅民族出版社 2000 年版）

本所藏敦煌唐代奴婢買賣文書介紹

　　敦煌文物研究所收藏的《唐代奴婢買賣市券副本》原為 1 件，後斷裂為二，館藏號為 D0639、D0640，發表號為敦研 298 號、299 號。前半段長 14 釐米，殘高 23 釐米，存 9 行，第 1 行上下均殘，余 8 行上部殘；後半段長 15 釐米，殘高 19 釐米，存 6 行，除第 1 行缺 4 字外，余完好。（圖 1）錄文如下：

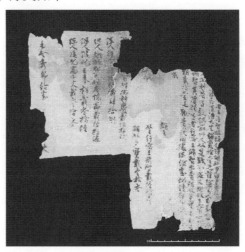

▲ 圖 1　敦煌研究院藏《唐代奴婢買賣文書》

……客王修智牒稱：今將胡奴多寶載拾卷

……惠溫，得大生絹貳拾壹疋。請給買人市券者。依

……安神慶等款保前件人奴是賤不虛。又胡奴多寶甘心□

……修智，其價領足者。行客王修智出賣胡奴多寶

……絹貳拾壹疋。勘責抅同，據保給券。仍請郡印□□

……罪。

絹主

郡印　　奴主行客王修智，載陸拾壹。

　　　　胡奴多寶，載壹拾卷。

（以上敦研 298）

保□□□□百姓安神慶，載伍拾政。

保人行客張思祿，載肆拾捌。

保人敦煌郡百姓左懷節，載伍拾柒。

保人健兒王奉祥，載參拾陸。

保人健兒高千丈，載參拾參。

市令秀昂給券　　　　　　　　史。

（以上敦研 299）

文書無紀年，從各方面的情況來判斷，應該是唐代的。因為：

1. 文書中有「保人健兒……」兩條，「健兒」也稱「官健」，是唐府兵制破壞以後對戌卒的通稱。開元二十五年（738）以後，各地邊軍以「健兒」代替府兵，又稱「長征健兒」，或稱「兵防健兒」。《唐六典》卷五記載：「天下諸軍有健兒（舊，健兒在軍皆有年限，更來往，頗為

勞弊。開元二十五年敕，以為天下無虞，宜與人休息，自今已後，諸軍鎮量閒劇、利害，置兵防健兒，於諸色征行人內及客戶中召募，取丁壯情願充健兒長住邊軍者，每年加常例給賜，兼給永年優復；其家口情願同去者，聽至軍州，各給田地、屋宅。人賴其利，中外獲安。是後，州郡之間永無征發之役矣），皆定其籍之多少與其番之上下（其所取人並具於本衛），每季上中書門下。」[1]但《新唐書・兵志》未記載「健兒」之設，唐長孺先生在《唐書兵志箋正》卷二中批評道：「隋唐始以府兵防邊，以至久戍不歸，乃有長征健兒之招募，節度使所統之兵自開元二十六年之後悉是長征健兒也。《志》於此略無一語相及，未免疏略。」[2]按唐先生的開元二十六年疑是《唐六典》所記開元二十五年之誤。

2.《舊唐書》卷四十四《職官志》記載天寶元年（742）改州為郡，置太守。《舊唐書》卷四十《地理志》記載是年改沙州為燉煌郡、瓜州為晉昌郡，乾元元年（758），又改郡為州，燉煌郡復為沙州。文書中有「保人燉煌郡百姓……」一條，唐代稱「燉煌郡」只是天寶元年至乾元元年間（742—758）才有可能。另外唐代所稱「燉煌」二字，「燉」字都有「火」旁，史書、碑文都是如此。

3.文書的紙張、字體與莫高窟第122窟窟前出土的天寶七載（748）的「過所」相似。

4.文書中凡提及人的年齡，一律用「載」若干。按「改年為載」是唐玄宗天寶三年（744）的事。[3]天寶以後的至德，只有三年，「載」「年」

1　《唐六典》卷五，中華書局 2008 年版，第 156—157 頁。

2　唐長孺：《唐書兵志箋證》，科學出版社 1957 年版，第 33 頁。

3　《唐大詔令集》卷四，《唐會要》卷八五。

兼用，接著，乾元元年（758）又改「載」為「年」了。[4]

　　根據上述幾點，我們認為文書的年代，上限為唐天寶三年（744），下限不會超過乾元元年（758）。

　　敦煌遺書中，契約文書不少，但屬於這樣的奴婢買賣文書，卻是不多。文書的性質，不是買賣雙方訂立的私契，因為當時的私契都有一定的格式：先署年月和立契者的姓名，次敘買賣的原因，再次寫明價錢，最後都有這麼一段：立契後，不許休悔，如先悔者，罰實物若干，「恐人無信，故立此契，用為後憑」。我們所介紹的這件文書，行文與私契完全不同。

　　通觀全文，這件文書可能是買賣成交以後，投驗官府，給以印憑的「市券」，是奴婢買賣的最後一道法定手續。《唐律疏議》卷二十六「買奴婢牛馬立券」稱：「諸買奴婢、馬、牛、駝、騾、驢，已過價不立市券，過三日笞三十，賣者減一等……即賣買已訖，而市司不時過券者，一日笞三十，一日加一等，罪止杖一百。」唐律所說的「市券」實物，據我們瞭解，過去還沒有發現過。所謂「市券」，就是市肆管理者出給的「官契」。（券者，契也。《唐律疏議》卷二十六記載：「無私契之文，不准私券之限。」）[5]

　　這個文書，我們認為是「市券」。我們考慮的因素有：1. 整個行文，是官府的口氣。2. 文書引「王修智牒稱：『……請給買人市券者。』」3. 文書接著寫明：根據安神慶等的擔保，「奴是賤不虛」，「據保給券，仍請郡印」。4. 除「絹主」（即買主）以下空缺外，有賣主、被賣者、保人的身分、年齡，這是契約文書必不可少的內容。5. 文書的

4　《唐大詔令集》卷九。

5　《唐律疏議》卷二六，中華書局 1983 年版，第 500—501 頁。

蓋印之處有「郡印」二字，這說明，如監印官檢驗之後，加蓋印章，就成為生效的正式「市券」。「市令……」一行以後殘缺，因此還不是「市券」的全貌。我們估計，後面還應有監印官錄事參軍事等批語之類的東西。

又，文書上既無花押，又無官府鈐記，只在「奴主」一行的上方寫著「郡印」二字，因此，這一文書應是官署存檔的「市券」副本。

文書上的「郡印」二字，說明「市券」的最後審核權在郡府。官府對奴婢買賣之所以控制較嚴，與唐朝重視「脫戶」「漏口」一樣，目的是為了控制給自己服役、課稅的人口。另外，署名擔保者共五人，「五人同保一事」，表明法律效用大。《唐律疏議》對此還有專議。

現存文書的最後一行為「市令秀昂給券（以下空）史（以下殘缺）」，這是市券發放者的官職、人名。從文書標明的「郡印」二字來看，發放官署是郡一級的。天寶年間的敦煌為下郡，按唐代下郡的職官編制，管理市場的頭目稱市令，下屬有佐、史等職。[6]文書的記載，與史書相符，這證實了當時敦煌市場管理機構的設置。

文書中有「奴主行客王修智」「保人行客張思祿」兩條。「行客」應是這兩人的身分。唐代在商業上已有同業行會性質的行，行有行頭（或稱行首），屬於這種組織的商人，叫作行人、行商、行戶。我們考慮，文書的行客，可能與行有關。如此看來，唐代的敦煌，不但有市，而且有行。又，文書標明這一奴婢買賣以「大生絹」作價，這正說明唐代的貨幣是「錢帛兼行」的，也部分地反映了唐代敦煌的商業情況。

敦煌是著名的絲綢之路必經之地，唐代敦煌的商業無疑是很興盛

6 《舊唐書》卷四四「職官」。

的。我們介紹的這件文書，從不同的角度為我們研究唐代敦煌的商業提供了可靠的資料。

唐朝是繁榮強盛的朝代，開元、天寶年間（713—756）更是所謂的盛唐。《新唐書·食貨志》說：「（天寶三年）海內富實，米斗之價錢三十……道路列肆，具酒食以待行人。店有驛驢，行千里不持尺兵。」[7]可是，我們所介紹的這個文書，正產生於這個所謂的「太平盛世」。這說明，封建經濟的繁榮，正是建立在對千百萬勞動人民掠奪、奴役、剝削的基礎上的。

唐代被壓迫被剝削階級中，最下層的是奴婢。唐代法律明文規定奴婢與「畜產」同類，買賣奴婢的檢驗，「亦同驗畜產之法」[8]。奴婢是官僚地主直接控制的人口，政府不差派任何課役，因此官僚地主經常擄掠人口為奴婢或者出賣。如郭元振當通泉尉時，就曾經「前後掠賣所部千餘人，以遺賓客，百姓苦之」[9]。為了抑制官僚地主無限制地把給政府交納租稅、負擔徭役的「良人」掠為奴婢，唐朝用法律的形式規定「掠賣良人」所應得的「罪」。[10]但是，以唐皇室為首的封建統治者又需要保持一定數量的奴婢為他們驅使[11]，於是又規定：如果確係奴婢，可以與牛馬一樣自由買賣。所以，凡買賣人口，都得寫明所賣者確係「奴婢」。因此，文書上就寫明，「奴是賤不虛」。前半段第 6 行存一「罪」字，其內容應是：如有不實，願「准法科罪」。

「奴是賤不虛」這 5 個字，對買賣雙方來說，只是為了使買賣人口

7　《新唐書》卷五一「食貨志一」。

8　《唐律疏議》卷二〇「私財奴婢貿易官物」。

9　《舊唐書·郭元振傳》。

10　《唐律疏議》卷二〇「略人略賣人」。

11　《唐會要》卷八六「奴婢」。

合法化，但對被出賣的胡奴多寶來説，就是永世做牛馬的判決書。唐代的法律條文中，這個「賤」字，主要是指奴婢而言的。要想「免賤」，實際上是不可能的。固然，敦煌遺書中也有《家童再宜放良書》（S.6537V），唐朝的敕文和唐律裡也有「放還奴婢為良」的規定[12]，實際上只是一紙空文，因為被「免賤」的是「年六十以上及廢疾者」，被「放良」的「家童」已是「自從叛管五十餘年」的老頭子了。這就告訴我們：凡是被「放良」「免賤」的，不是被奴主摧殘壞了身體，便是被敲骨吸髓到了只剩下一具骷髏的地步，失去了勞動能力而被趕出門的。可以肯定，等待著他們的是求乞於路，凍死街頭。與其説「放良」「免賤」，不如説是給勞苦一生的「賤口」送死。在這裡，剝削者的偽善面目可謂暴露無遺。

文書中寫道：「又，胡奴多寶甘心（下缺）修智，其價領足者。行客王修智出賣胡奴多寶與（下缺）絹貳拾壹匹。」「胡奴多寶」，當是西域地區的一名少數民族的少年，名叫多寶。文書中雖然缺了一些字，但已告訴我們：他先是賣給王修智，現在王修智又把他賣給惠溫。年僅 13 歲就被出賣了兩次，這只能説明，所謂「盛唐」之世，正是統治階級的天堂，勞動人民的人間地獄。

唐代是我國封建社會的鼎盛時期，奴隸制早已過時，但是，「替富人做家務和供他過奢侈生活用的奴隸，還存留在社會上」[13]。唐代官私奴婢的存在，正説明官修史書中「盛世」之談，封建文人筆下的「憶昔」讚歌，都掩蓋不了這短短一紙文書所反映的階級剝削和壓迫，它

12　《唐會要》卷八六「奴婢」。參中國科學院歷史研究所資料室編：《敦煌資料》第 1 輯「契約、文書"，中華書局 1961 年版。

13　恩格斯：《家庭、私有制和國家的起源》，載《馬克思思格斯選集》第 4 卷，人民出版社 1972 年版，第 146 頁。

是所謂「盛唐」之世階級壓迫和民族壓迫的歷史見證！

　　（作者小記：本文現在的題目，是我的原有命題。1972 年《文物》雜誌發表時的題目為《從一件奴婢買賣文書看唐代階級壓迫》。敬告讀者，以求見諒。）

　　　　　　　　　　　　　　　　　（原載《文物》1972 年第 12 期）

延祐三年奴婢買賣文書跋

　　敦煌研究院館藏 D0612
號（發表號為敦研 381 號）
元代延祐三年（1316）奴婢
買賣文書，高 29 釐米，寬
22 釐米，文字 7 行，上鈐朱
文九疊篆書官印 5 方。印高
6.9 釐米，寬 6.1 釐米，略帶
長方形，印文已模糊不可
辨。紙呈淺黃色，質地疏
鬆，纖維帚化不均，類似近
代的毛邊紙。後鈐「靜山」
2 字朱文印章 1 方。（圖 1）。

　　文書原為周炳南所收
藏。周炳南，字靜山，甘肅

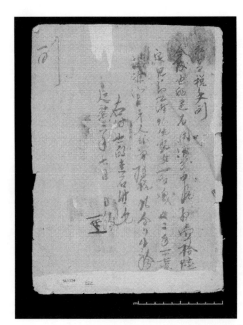

▲ 圖 1　敦煌研究院藏《延祐三年奴婢買賣文書》

狄道（今臨洮）人，北洋軍閥統治時期，曾長期鎮守安肅道（今酒泉地區），任「肅州巡防各路邦統兼帶第四營」。他出身於保定陸軍學堂，「有輕裘緩帶風，復精賞鑑」[1]。現藏敦煌研究院的漢桓帝元嘉二年（152）漢簡及「敦煌長史」封泥就是他在 1920 年從玉門關外發掘所得。1925 年，美國的華爾納第二次來敦煌，計劃剝走莫高窟第 285 窟，即有西魏大統五年（539）題記的特級洞窟壁畫，周炳南作為駐軍代表，參與接待、談判，阻止了華爾納的行動，保護了敦煌壁畫，使之免遭損失。在此期間，他收集了一些寫經、文書等殘頁碎片，裝貼成兩個本子，題其封面為「敦煌石室遺墨」，最後有他親筆題識，文曰：「觀上六朝、隋唐各書，落筆沉著，極近漢晉人書法，其筆意之精嚴，想鉤指回腕別具靈妙，非淺學所能模擬。南生千年後，得此墨跡於敦煌石窟寺故紙堆中，朝夕展玩，雖片紙只字，不啻拱璧，實快平生之心目也。中華民國十五年春正月周炳南識。」他視為珍寶而「朝夕展玩」的這兩本《敦煌石室遺墨》，新中國成立前慷慨地送給了敦煌藝術研究所。延祐三年（1316）文書就是其中之一。

文書系用草書寫就，有的字很難辨認，現試作釋文如下：

1. 永昌稅使司
2. 今據也的迷石用價錢中統抄（鈔）壹拾陸
3. 定買到乙律（？）約（？）充（？）恥女一名喚女女年一十七歲
4. 望准官牙人赴務投稅凡合行出給
5. 右付也的迷石准此
6. 延祐三年七月日給

1　當年安西知縣陳宣語。

（畫押）

7. 司

通觀這一文書，值得注意者有以下數端：

1. 永昌稅使司

永昌在元代屬甘肅等處行中書省。《元史・地理志》：「永昌路。下。唐涼州。宋初為西涼府，景德中陷入西夏。元初仍為西涼府。至元十五年（應為前至元，即 1278 年），以永昌王宮殿所在，立永昌路，降西涼府為州隸焉。」又，清錢大昕《廿二史考異》卷八六稱：「（元太宗）二年庚寅，十二月，始置十路徵收課稅使。」根據以上記載而得知，所謂「永昌稅使司」，卩永昌路徵收課稅使的辦事機構，即課稅使之官衙。據《元史・食貨志》，凡受理課稅事宜之衙署，不稱「所」，即稱「司」。

2. 買主「也的迷石」

他很可能是蒙古貴族。《廿五史補編・元史氏族志》中叫「迷失」的不少（失、石同音，迷石當即迷失）。《元史》《蒙兀兒史記》中后妃、公主、諸王叫「迷失」者亦屢有所見。《蒙兀兒史記》卷一五三「蒙兀氏族」朵兒別氏中有一人就叫「也的迷失」，其下注云：「江西道宣慰使，進江西行省參知政事，黑失之孫。」又，《廿二史札記・補遺》裡有遼、金、元各代之人名、官名、地名的古今譯名對照，其中「蒙古改國號曰元」條目之下，也有一人叫「也的迷失」。他們與文書中之買主是同一人抑或是同名？因元史無傳，無從查考。

3. 驅女

文書稱也的迷石用中統鈔壹拾陸錠買到「驅女一名」。據《玉篇》：同驅。而「驅」就是「驅口」，驅口就是奴婢。陶宗儀《輟耕錄》卷一

七「奴婢」條稱：「今蒙古色目人之臧獲，男曰奴，女曰婢，總曰『驅口』。」據此，文書中「驅女一名」4字告訴我們：其一，也的迷石買的是一名女奴；其二，正因為「買良為驅者有禁」，（《元典章》卷五七）「略賣良人新例」規定「今後諸掠賣良人為奴婢者，一人斷一百七流遠，二人以上處死；為妻妾子孫者，一百七徒三年；因而殺傷人者，同強盜法」，這「恥女一名」之「驅」字特別重要，目的是說被賣者不是「良人」。官府加印之後給的文券，更是驗明正身之物。它對奴婢來說，無疑是永世不得自由的鎖鏈。

4. 奴婢女女

這位名叫「女女」的奴婢，「年一十七歲」，肯定不是蒙古初年之「臧獲」男女，而是「家生孩兒」，即奴與婢匹配為夫婦所生的孩子。

5. 官牙人

文書有「望准官牙人赴務投稅」之語，說明官府有專人參與奴婢買賣。「官牙人」即「官牙郎」。「牙郎」前面冠以「官」字，其身分的權威性不說自明。「牙郎」用今天的話來說，就是買賣雙方交易的中間人。陶宗儀《輟耕錄》卷第一一「牙郎」條：「今人謂駔儈者為牙郎，本謂之互郎，謂主互市事也。唐人書互作牙，互與牙字相似，因此而為牙耳。」清人趙翼則認為牙郎就是牙郎，並非互郎之誤。他在《陔余叢考》卷三八「牙郎」條裡稱：「《輟耕錄》云：今人謂駔儈曰牙郎，其實乃互郎，主互市者也。按：此說本劉貢父詩話，駔儈為牙，世不曉所謂。道原云，本謂之互，即互市耳，唐人書互作牙，牙互相似，故訛也。然《舊唐書·安祿山傳》：祿山初為互市牙郎，則唐時互與牙

已屬兩字。」[2]實際上「互市牙郎」4 字就能説明「牙」非「互」之誤。

官牙人的職責，一是參與議定價格，元至元二年泉州路麻合抹賣花園屋，其文契上就有「今得蔡八郎引到在城東隅住人阿老丁前來就買，經官牙議定時價」的記載[3]，便是實物證明；一是買賣成交以後，立即「赴務投稅」，我們這件文書「望准宮牙人赴務投稅」[4]就是明證。《元典章》卷二十二記載：

> 皇慶元年五月，江西行省准中書省……照得近年以來，物價湧貴，比之向日，增添數十餘倍，稅課不能盡實到官，蓋因官豪勢要莊宅牙行攔頭等人，將買賣田宅、人口、頭匹之家，説合成交，寫訖文契，兩相要吃牙錢，又行收取稅課，於內價值千餘定者有之以三十取稅一分，一契約取四十五定……今後需要各處提調正官欲依累奉聖旨條畫，委選見任廉干人員盡心關防，明視買主隨即赴務投稅……

上引文字告訴我們，當時偷稅、漏稅的現象嚴重，地方權貴甚至勾結牙行截稅。為對付這一現象，「官牙人」與買主一起赴務投稅可能由此而來。

6. 文書的性質

奴婢買賣，根據元朝政府的規定，首先要「官為給據」方可成交。《元典章》卷五七「應賣人口官為給據」條稱：

2　中華書局 1963 年版，第 836 頁。《舊唐書》卷第二〇〇上《安祿山傳》云：「及長，解六番語，為互市牙郎。」

3　施一揆：《元代地契》，《元史論集》，人民出版社 1984 年版，第 256 頁。

4　文書中的「望」字，又似「憑」字，古人寫憑字，往往作羿，文書為草書，不甚清晰。

　　應賣人口，依例於本處官司陳告來歷根因，勘會是實，明白給據，方許成交。仍令關津渡口，嚴加檢索，如有違犯，痛行斷罪。其所賣人口，隨即為良，厥價入官。

　　這件文書，既無「陳告來歷根因」之文，又無官府「勘會是實」之語，更無賣主、買主、保人具結，因此，它不是「官給公據」。

　　人口買賣手續，官給公據之後，就是書立文契。文契的格式，不論何種文契，最後都有「恐人無信，故立此契，用為後憑」之類的話，還得有當事人、知見人（或保人）等的姓名及花押，而這件文書全然沒有，因此它不是文契（叫「私契」）。

　　立契成交之後，應即「赴務投稅」。交納稅錢之後，官府給據，叫作「稅契」。《陔余叢考》卷二七「稅契」條稱：

　　交易田宅既立文券，必投驗官府，輸納稅錢，給以印憑，謂之稅契。此起於東晉時。按隋志：晉自過江，凡貨賣奴婢、牛馬、田宅，有文券者，率錢一萬輸作四百入官，賣者三百，買者一百；無文券者，隨物所堪，亦百分收四，名為散估。歷代遂因之不廢。

　　顯然，這件文書不是「輸納稅錢，給以印憑」的稅契。稅契格式如何，試引一例以作證：

　　皇帝聖旨裡泉州路晉江縣今據阿老丁用價錢中統鈔六十錠買到麻合抹花園山地除已驗價收稅外合行出給者

至元二年十月初三日給右付阿老丁准此。[5]

如此看來，稅契的行文，關鍵在於「已驗價收稅」5字。又，元代的稅契，還應該是印本，《元典章》卷二二「就印契本」條：

至元二十年十一月福建行省准中書省咨：照得各處行省所轄路分，週歲合用辦課契本，年列戶部行下各處，和買紙札印造，發去辦課。緣大都相去地遠，不唯遲到，恐誤使用，抑亦多費腳力，除四川、甘肅、中興行省、陝西宣慰司所轄去處用度不多，依舊戶部印造發遣外，據江南四處行省所管地面合用契本，合擬就彼和買紙札工墨印造。

據此，則甘肅所用「辦課契本」還是「戶部印造發遣」的，惜未見此類文物。

我認為，這件文書，應是陶宗儀《輟耕錄》「奴婢」條中提到的「紅契」。他在講到元代的奴婢來源時說：

蓋國初平定諸國日，以俘到男女匹配為夫婦，而所生子孫永為奴婢。又有曰紅契買到者，則其原主轉賣於人，立券投稅者是也，故買良為驅者有禁。

這就是說，奴婢來源有二：一是俘虜來的男女及其子孫，一是用「紅契」買來的。據陶宗儀所述，似乎此種買賣手續很簡單：主人把奴

5　施一揆：《元代地契》，《元史論集》，人民出版社1984年版，第256頁。

婢轉賣於人，然後立券投稅，用不著前面所述的「陳告官司，明白給據，方許成交」。度其情由，皆因此乃「原主轉賣」，用不著檢驗身分，原本籍賬有據者。

這件文書正好是這樣的一種「紅契」。文書第 1 行「永昌稅使司」是發契衙門。第 2 行是說買主也的迷石用多少錢買了奴婢。第 3 行是原主姓名（因系人名，不敢貿然認可，故釋文時只好以□代替）及其驅女的姓名年齡。第 4 行明示赴務投稅必須有官牙人。這行最後的「凡合行出給」說明符合手續，理應發給文券。第 5 行「右付也的迷石准此」正說明此券是交給買主收藏的官文券。第 6 行是給券年月，其左下方有一「花押」，這是簽發「紅契」者署名。最後 1 行是一個大大的「司」字。這一切正符合陶宗儀說的「又有曰紅契買到者，則其原主轉賣於人，立券投稅者是也」。

又，文書在買主姓名、價格數目及女奴年齡、驅口人數、年月、花押處各鈐朱文印 1 方，這 5 方印鑑，幾乎占滿全紙，我們雖不能機械地理解「紅契」2 字，但在當年，此文券的確是滿紙鮮紅。5 方官印，其慎重的程度、法律效果，使人深信不疑。

總之，這是迄今為止比較罕見的一件元代正式奴婢買賣文書。我們給它定名為「紅契」。因過去未見此類實物，更兼筆者對元史缺乏研究，定名是否有誤，祈請專家指正。

（原載《敦煌研究》1989 年第 2 期）

敦煌遺書題記隋董孝纘寫經考略

　　關於敦煌遺書中的題記，北圖部分，早年許國霖先生著有《敦煌石室寫經題記與敦煌雜錄》一書，將 1910 年運往京師圖書館的 8000 多件寫經題記收錄無遺。[1] 1974 年，法國隋麗玫女士在《敦煌學》雜誌創刊號上發表了《巴黎國家圖書館藏敦煌寫本題記分年初錄》，無年代者不在此列。1975 年，陳祚龍先生在《海潮音》第 56 卷 5 月號、7 月號上發表《敦煌古鈔內典尾記匯校》初編、二編，收錄題記 107 則（後收人《敦煌文物隨筆》一書中）。20 世紀 80 年代初，敦煌文物研究所敦煌遺書研究室做了斯坦因、伯希和部分，因出版條件不成熟而未能付梓。1990 年，薄小瑩女士的《敦煌遺書漢文紀年卷編年》問世，正像該書標題所示，只是「紀年卷編年」，而無題記的錄文。同年，日本著名敦煌學家池田溫先生的《中國古代寫本識語集錄》出版發行，此書的主要部分是敦煌寫本題記，是敦煌寫本題記的集大成者。此書一出，為敦煌寫本的研究，尤其是為寫本題記的研究，提供了到目前為

1　商務印書館 1937 年版。

止最詳盡的資料和極大的方便。

　　對寫本題記進行全面系統地、集中地研究，我早有此心願，但力不從心，只有平時隨手記一點，作些零星考屑，以期將來整理成集。有關董孝纘4件寫經題記的略考，就是其中之一。

　　1. P.2866《大集經》卷六（圖1）

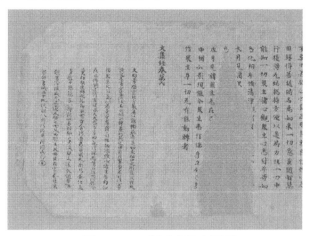

▲ 圖1　P.2866《大集經》寫經題記

　　該寫經有一條很長的題記（尾題），文曰：

　　夫妙寂躡[2]玄，非言教無以能樹[3]。經者，是如來神口之所宣，賢聖教誡之善事。宗涂浩汪，不可以行辭盡妙極之理；篇目繁多，不可以一章括幽玄之旨。是以弟子董孝纘，自唯垢惑纏心，處生若幻，仰為亡考鎮遠將軍、諫議大夫、大冢宰（帳）內親信、帥都督旨除鳴沙縣令董哲，敬造釋迦、彌勒、觀世音金像一區，並寫《大集》《思益》《仁

2　攝，《中華大字典》云：「音未詳，爛也。出釋藏群字函，見《字彙補》。」《康熙字典》與此大同小異，云：「《字彙補》：音未詳，爛也。出釋藏群字函。」

3　樹，《中華大字典》注曰：「樹訛化字，見《正字通》。」「樹，方小切，音表，彼韻。」

王》《華嚴》《十惡經》各一部。藉此善因,願亡考永離三途,長赴菩
提海,超生淨域,成無上道。又願七世父母、所生父母、見在家眷及
法界群生,咸修十地,俱證八解,行備果圓,同成正覺。

2. 日本大東急紀念館藏 107-8-1-1 號《大集經》卷五

該寫經紙好,字亦好,是我們尋常所見之隋代寫經,末尾有題
記,曰:「董孝纘受持,用紙廿一張。」其後,有李盛鐸的跋:「此敦
煌石室所藏六朝人書經卷之一,別有此經第二十捲,末有開皇十五年
(595)董孝纘為亡考鳴沙縣令董哲造等字,今藏江陰何氏,盛鐸記。」
跋後有「李盛鐸印」「木齋」印各一方。

李盛鐸所説的江陰何氏,即何彥升。其子何威是李盛鐸的女婿。
1910 年,把藏經洞的劫餘遺書往北平(今北京)運時,何彥升作為代
理甘肅巡撫,經辦此事。父子倆竟「監守自盜」,竊取了一部分敦煌遺
書珍品,《大集經》卷五、卷二〇可能就是其中之一。

3. 書道博物館藏《大集經》卷二〇(圖 2)

原為李盛鐸舊藏,後為日本中村不折氏收藏,今存中村氏創建的
書道博物館。[4] 1943 年《書菀》第 7 卷第 2 號上,中村不折氏曾撰文講
他蒐集「西域出土寫經」的來龍去脈。其中介紹本件《大方等大集經》
時説:「隋《大方等大集經》,文帝開皇十五年(西紀 595 年)寫,十
五紙,長二丈五尺,首缺。敦煌出土。有甘肅布政使何孝聰的印,系
其舊藏。」《書菀》還刊載了此件經文的尾部及題記。經文的書法極
佳,正如中村不折氏所評:「此經書風老成,姿態雅醇,盛德君子的容

4　磯部彰:《台東區立書道博物館所藏中村不折舊藏禹域墨書集成》上冊,東京:二玄
　　社 2005 年版,第 54 圖。

貌大智若愚，可謂隋代具有代表性的佳作。」[5]其題記如下：

弟子州省事董孝纘仰為亡考鳴沙縣令董哲敬寫。願亡考及法界有
形，同成正覺。

大隋開皇十五年歲次乙卯十月十九日寫訖。

▲ 圖2 書道博物館藏《大集經》寫經題記

4. 守屋孝藏氏藏董孝纘造經記

日本京都博物館編輯發行的《守屋孝藏氏蒐集古經圖錄》，前有

5 中村不折：《再び西域出土の寫經について》，《書菀》第 7 卷第 2 號，日本三省堂 1943 年版，第 2—9 頁。

圖，後有説明，個別的卷子無圖而有説明，第 207 號《董孝纘造經記》就是其中之一。據介紹，此件只存「造經記（願文）」而無經文，題記為「大代大魏神加二年（429）七月八日寫了」，另外，還有「州省事董孝纘為亡父鳴沙縣令董哲於神加二年造像寫經修功德的由來之記載」，遺憾的是沒有原文照錄，因而未知其究竟。國內國外散藏的敦煌寫經，確實有個真偽問題。毫無疑問，P.2866 是識別董孝纘寫經的標本，誰也不會對伯希和當年直接取自藏經洞的寫卷產生是真是假的質疑。

　　日本書道博物館藏、發表在《書菀》第 7 卷第 2 號上的《大集經》卷二○，我認為也是真品，其理由有五：

　　首先，偽造者無法得知敦煌曆史上有過董哲、董孝纘父子，因為這二人正史無傳。

　　其次，伯希和當年路過北京住八寶胡同向一些人展示他隨身所帶的幾十件文物中，沒有上述 P.2866《大集經》卷六。這一點，我們可以引日本田中慶太郎於 1909 年（明治四十二年）在《燕塵》第 2 卷第 11 號上以「救堂生」筆名發表的《敦煌石室中乃典籍》一文為證。田中氏是目睹了伯希和隨身攜帶的敦煌寫卷的人之一。據他説，當他聽到伯希和歸途路過北京後，就想盡辦法去拜訪伯希和。去了以後，開始怕伯希和不接待，沒想到伯希和接待了他，還能無拘束地交談，給他看了幾十件文物。田中氏盡管也作了記錄，但他自認為沒有這方面的知識，覺得在前前後後見過伯希和所獲文物的人當中，羅振玉記下來的記錄最準確，特地轉載了羅振玉的《敦煌石室書目及發見（現）之原始》一文。凡讀過此文的人都知道，羅氏所記目錄中，沒有 P.2866《大集經》卷六，當然也就不知道隋開皇年間有董孝纘為其亡父寫經之事。

　　第三，《大集經》卷二〇的經文書法精美，乃我們所熟悉的開皇寫經精品，其題記的字，我曾做過對比，「弟子董孝纘」「亡考」「鳴沙縣令」「董哲」等字，寫法、形狀與 P.2866 一模一樣，同為一人手筆。如「董」作「**董**」，「纘」作「**纘**」，「考」作「**考**」，「哲」作「**拮**」。

　　第四，中村不折說此件有當年甘肅布政使何孝聰的印，這似乎贗品中所未見。

　　第五，田中慶太郎在《敦煌石室中の典籍》一文中提到了當年北京的一些學者在帝國飯店宴請伯希和之事，說是當日出席者有賓侍郎、劉少卿、徐祭酒、柯經科監督、惲學士、江參事、吳寅臣、蔣伯斧、董比部等十幾人，一時名流盡集，而羅振玉因身體不適而缺席。這些與會者中，沒有我們已知的偽造者某某。伯希和後來寄給中國學者的照片中也沒有董孝纘寫經。

　　大東急 107-8-1-1《大集經》卷五的情況，已如前述。大東急紀念文庫的藏品我見過，正因為我有 P.2866 董孝纘寫經的印象，所以比較留心此件。我的印象，此件是真品。在日本，對李盛鐸收藏品，有人認為不會有假，如安藤德器，[6] 而著名敦煌學家藤枝晃先生則著有《「德化李氏凡將閣珍藏」印について》，[7] 認為在日本除了大谷探險隊攜歸的東西以外，通過古董商弄來的據傳是敦煌寫本的東西，90% 以上的不是真品。詳細的論述還見諸藤枝晃先生 1966 年發表的《敦煌寫本總說》（Ⅰ）。[8] 我認為是真品的理由有：

　　1. 李盛鐸生前曾與羅振玉等主持敦煌經籍輯存會，作為主持者，

6　安藤德器：《敦煌經卷の蒐集》，《茶わん》通卷 98 號，1939 年。

7　《京都國立博物館學業》第 7 號，1986 年。

8　Fujieda Akira，The Tunhuang Manuscripts：A general description in zinbun No.9，1966，pp.14-15.

我想還不至於那麼不嚴肅。

2. 李盛鐸的後代很不爭氣，把父親的珍藏拍賣而作為遺產分掉，其中可能搞了些魚目混珠的事，但和李盛鐸無關，何況此件有李盛鐸的親筆題跋。

3. 誠如藤枝晃先生所發現的那樣，「德化李氏凡將閣珍藏」印是不止一種，「木齋審定」印似乎亦有兩種。何者是真，何者是假，還得結合寫卷的字、紙、墨等來鑑定。此件的以上因素均佳，題記的字與 P.2866 也相同。

《守屋孝藏氏蒐集古經圖錄》第 207 號《董孝纘造經記》，盡管沒有看到原件，但一看題記為「大代大魏神鹿二年七月八日寫了」，就知道這是贗品，因為 P.2866 雖無紀年，但絕對不會是北魏寫經。這一點，我們只要對比一下 S.0113《建初十二年（416）敦煌郡敦煌縣西宕鄉高昌裡戶籍》、敦研 0007《興安三年（454）大慈如來告疏》、S.2925 太安元年（450）《佛說辯意長者子所問經》這些比神鹿二年（429 年）還要晚的寫本，就會明白 P.2866 確係開皇寫經，離神鹿二年已相去 160 多年了，董孝纘不會如此長壽，也不會沒完沒了地為其父親寫經。

董孝纘寫經題記的內容，不僅提供了寫於開皇的佐證，也彌補了正史之不足。P.2866 題記中有這樣一段話：「弟子董孝纘，自唯垢惑纏心，處生若幻，仰為亡考鎮遠將軍、諫議大夫、大冢宰內親信、帥都督、旨除鳴沙縣令董哲，敬造……」如前所述，董哲、董孝纘父子正史無傳。董哲的一長串官銜，只有「鳴沙縣令」是執事官，其餘都是勳官、散官。儘管如此，還是很有價值的：

鎮遠將軍，在北周為正六品，[9]在隋則為正七品。[10]

諫議大夫，在北周為正六品，在隋則為從四品，煬帝即位後廢，[11]因而冠「諫議大夫」者，隋代只能是開皇、仁壽年間的事。

大冢宰，北周有此之設，隋文帝楊堅仕北周時就曾任此職。入隋以後，「三師，不主事，不置府僚，蓋與天子坐而論道者也」。「三師、三公，置府佐，與柱國同。若上柱國任三師、三公，唯從上柱國置。王公已下，三品已上，又並有親信、帳內，各隨品高卑而制員。」[12]「大冢宰」亦即「太宰」「三師」，因此我把董哲的結銜句讀為「大冢宰（帳）內親信」，他曾經是某位王公或三品以上官府的屬員。

帥都督，北周有此設，隋因之。《隋書‧百官志》稱：

　　高祖又采後周之制，置上柱國、柱國、上大將軍、大將軍、上開府儀同三司、開府儀同三司、上儀同三司、儀同三司、大都督、帥都督、都督，總十一等，以酬勤勞。又有特進、左右光祿大夫、金紫光祿大夫、銀青光祿大夫、朝議大夫、朝散大夫，並為散官，以加文武官之德聲者，並不理事。六品以下，又有翊軍等四十三號將軍，品凡十六等，為散號將軍，以加泛授。居曹有職務者為執事官，無職務者為散官。

　　帥都督為從六品，品秩與上列各銜相稱。縣置令，這也是隋代的官制。「鳴沙縣令」是董哲有職有權的實際官銜。鳴沙縣之名始於北

9　北周時的官品均據王仲犖先生《北週六典》卷九、卷一〇，下同。

10　《隋書‧百官志》，中華書局 1973 年版，第 786—787 頁。

11　《隋書‧百官志》，中華書局 1973 年版，第 786—787 頁。

12　《隋書‧百官志》，中華書局 1973 年版，第 786—787 頁。

周，止於隋大業二年（606）。《隋書・地理志》上載（括弧內的字，原為小字注）：

敦煌郡（舊置瓜州）統縣三，戶七千七百七十九。

敦煌（舊置敦煌郡），後周並效谷、壽皇（昌？）二郡入焉。又並敦煌、鳴沙、平康、效谷、東鄉、龍勒六縣為鳴沙縣。開皇初郡廢。大業置敦煌郡，改鳴沙為敦煌。

《元和郡縣圖志》則說得更加具體：「敦煌縣（上，郭下），本漢舊縣，屬敦煌郡。周武帝（561—577）改為鳴沙縣，以界有鳴沙山，因以為名。隋大業二年（606）後為敦煌。」[13]如果我們再結合書道博物館藏《大集經》卷二〇的董孝纘寫經題記—開皇十五年寫，就完全有理由斷定：除守屋孝藏氏蒐集的《董孝纘造經記》以外的三件董孝纘寫經都是隋開皇十五年（595）前後的遺物。

又，據上引《元和郡縣圖志》，鳴沙縣（亦即敦煌縣）屬上等縣，而隋代的「上縣令」為從六品。

董孝纘父親董哲的結銜還有一點特別之處，即「旨除鳴沙縣令」。「旨除」可能是「欽定」之意。再結合一長串的「鎮遠將軍、諫議大夫、大冢宰帳內親信、帥都督」結銜，此人在朝廷還很有背景。我於是聯想到他是否為董純家族的成員。《隋書》卷六五記載：「董純，字德厚，隴西成紀人也。祖和，魏太子左衛率。父升，周柱國。」董純在北周時就曾晉爵大興縣侯。入隋，「高祖受禪，晉爵漢曲縣公，累遷驃

13　李吉甫：《元和郡縣圖志》卷四〇《隴右道下》，中華書局 1983 年版，第 1026 頁。

騎將軍。後以軍功，進位上開府。開皇末，以勞舊擢拜左衛將軍，尋改封順政縣公」。董純與楊堅的關係，可以用一則插曲來說明：煬帝之子齊王楊暕得罪，董純亦受牽連。煬帝譴責他：「汝階緣宿衛，以至大官，何乃附傍吾兒，欲相離間也？」純曰：「臣本微賤下才，過蒙獎擢，先帝察臣小心，寵逾涯分，陛下重加收採，位至將軍。欲竭餘年，報國恩耳。此數指齊王者，徒以先帝、先後往在仁壽宮，置元德太子及齊王於膝上，謂臣曰：『汝好看此二兒，忽忘吾言也。』臣奉詔之後，每於休暇出入，未嘗不詣王所。臣誠不敢忘先帝之言。於時陛下亦侍先帝之側。」董純抬出楊堅來擋駕，煬帝改容曰：「誠有斯旨。」於是舍之。由此可見隋文帝對董的信賴，隋煬帝對他的無奈。楊堅代周以後，很快將宇文氏宗室成員斬盡殺絕，與此同時，派親信以「鎮遠將軍」往中西交通咽喉重地敦煌為「旨除鳴沙縣令」乃順理成章之事。惜董純傳竟未記其叔伯子侄之有無。不過，即使與董純無關，我們也可據本文所論及的三件董孝纘寫經，給隋史添上一筆，為敦煌史加上一頁，並不為過。

　　還有一點必須提及的是據書道博物館藏《大集經》卷二〇，董孝纘的結銜是「州省事」。按《隋書・百官志》，只有北齊的州屬官才有「省事」之設。但事實上的存在，我們不能拘泥於史志。

　　清趙翼《廿二史札記・隋書志》說：「《隋書》本無志，乃合記梁、陳、齊、周、隋之事，舊名《五代史志》，別自單行，其後附入《隋書》。然究不可謂隋志也。」[14]也許正因為如此，不甚詳備。開皇年間，鳴沙縣屬瓜州，董孝纘曾為「州省事」，正可補史志之闕如。敦煌遺書可補歷史之缺載者，比比皆是，這只是區區點點而已。

　　　　（原載《周紹良先生欣開九秩慶壽文集》，中華書局 1997 年版）

14　趙翼：《廿二史札記》卷一五《隋書志》，中華書局 1963 年版，第 301 頁，

S.2926《佛説校量數珠功德經》寫卷研究

　　S.2926 有三種寫經，同一人抄寫，從古寫經目錄學説，叫作「三經同卷」。這三經是：

　　1.《佛説無常三啟經》，頭稍殘。尾題：「佛説無常三啟經一卷」，其下有雙行小字注，文曰：「初後贊勸乃是尊者馬鳴取經意而集造，中是正經，金口所説，事有三開，故云三啟也。」這一則小注，當年劉銘恕先生編制《敦煌遺書總目索引》時，作為「題記」逐錄，改為解題説明，似更合適。

　　2.《佛説校量數珠功德經》，首尾完整（圖1）。首題：「佛説校量數珠功德經」，經題之下，小字註：「迦濕密羅國三藏寶思惟於福先寺譯。」第二行「文殊師利菩薩咒藏經中説校量數珠功德經」，應是此經的「又名」。尾題：「持珠校量功德經。」後有敦煌寫經中少見的昭文館學士詳定題名（詳後）。

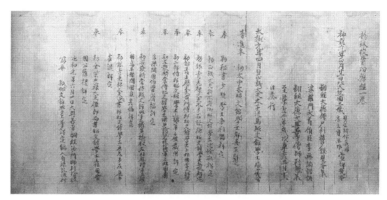

▲ 圖1　S.2926《數珠校量功德經》尾題

　　3.《佛説要行捨身經》，首尾完整。首題、尾題均為「佛説要行捨身經」。智昇撰《開元釋教錄》卷一八將此經列入「別錄中疑惑再詳錄」，並有將近 400 字的考證，指出：《要行捨身經》一卷，「不知何人所造。邪黨盛行，經初題云：三藏法師玄奘譯。按：法師所譯，無有此經。偽謬之情，昭然可見。且述四件，用曉愚心」。他列舉的四點（限於篇幅，從略），可謂隨手拈來之佐證，尤其從翻譯名詞上指出此經非玄奘所譯，的確一望便知。

　　現在，如本文標題所示，姑且將第一、三兩經略而不論，單就第二種經——《佛説校量數珠功德經》所揭示的問題作些論述。

一、關於《佛説校量數珠功德經》

　　《佛説校量數珠功德經》有二譯，《開元釋教錄》卷九在記述寶思惟譯經時説：「《校量數珠功德經》一卷，神龍六年（705）正月二十二日於東都大福先寺譯，婆羅門李元諂譯語，初出，與後義淨出者同本。」在記述義淨譯經時説：「《數珠功德經》一卷，第二出，與寶思

惟出者同本，景龍四年（710）四月十五日於大薦福寺翻經院譯。」據卷一九《入藏錄》，兩種譯本當年都入藏，且兩經同為一帙。兩經流傳至今，只不過義淨所譯者經名改為「曼殊師利咒藏中校量數珠功德經」。至於寶思惟譯本，經與本寫卷核對，只有七處不同，寫本優於現刊本。

　　《佛說校量數珠功德經》經文不長，只有 657 字，為便於文字校勘、內容論述，將本寫卷迻錄於下：

佛說校量數珠功德經

　　爾時文殊師利法王子菩薩摩訶薩為欲利益諸有情故，以大悲心告諸大眾言：「汝等善聖（聽），我今演說受持數珠校量功德獲益差別。若有誦唸諸陀羅尼及佛名者，為欲自利及護他人，速求諸法得成驗者，其數珠法應有如是，須當受持。若用鐵為數珠者，誦掐一遍得福五倍。若用赤銅為數珠者，誦掐一遍得福十倍。若用珍珠、珊瑚等為數珠者，誦掐一遍得福百倍。若用木子為數珠者，誦掐一遍得福萬倍。若求往生諸佛淨土天宮者，應受此珠。若用蓮子為數珠者，誦掐一遍得福萬倍。若用因陀羅佉叉為數珠者，誦掐一遍得福百萬倍。若用烏盧陀羅佉叉為數珠者，誦掐一篇得福千萬倍。[1]若用水晶為數珠者，誦掐一遍得福萬萬倍。若用菩提子為數珠者，或用掐念，或但手持，數誦一遍其福無量，不可算數，難可校量。諸善男子，其菩提子

---

[1]　「因陀羅佉叉」和「烏盧陀羅佉叉」，寶思惟、義淨都未翻譯成中國漢語名詞。比附不空譯《金剛頂瑜伽念珠經》提到念珠種類有「帝釋子」「金剛子」，則「因陀羅」可譯成「帝釋」。因陀羅佉叉可能就是「帝釋子」，即天青珠。金剛子的梵名是烏嚕捺羅叉，可以做念珠，日本望月信亨云：「烏嚕捺羅叉，又名烏盧吒羅叉，即天目珠。」

者，若復有人手持此珠，不能依教（教字衍）法唸誦佛名及陀羅尼，此善男子但能手持隨身，行住坐臥，所出言語若善若惡，斯由此人以持菩提子故，得福等同，如念諸佛誦咒無異，獲福無量。其數珠者，要當滿（經文作「須滿」）一百八顆。如其難得，或為五十四，或二十七，或十四亦皆得用。此即數珠法相差別。諸善男子，以何因緣我今獨贊用菩提子獲益最勝？諸人善聽，我今為汝重說昔因。過去有佛出現於世，在此樹下成等正覺。時一外道，信邪倒見，誹謗三寶。彼有一男，忽被非人打殺。外道念言：『我今邪盛，未審諸佛有何神力。如來既是在此樹下成等正覺，若佛是聖，樹應有感。』即將亡子臥著菩提樹下，作如是言：『佛樹若聖，我子必蘇。』以經七日誦唸佛名，其子乃蘇。外道讚言：『諸佛神力我未曾見，佛成道樹現此稀奇，甚大威德，難可思議。』諸外道等悉舍邪歸正，發菩提心，信知佛力不可思議，諸人咸號為延命樹。以此因緣，有其二名，應當知之，我為汝等，示其所要。」說此語已，佛言：「善哉（經文作「善哉善哉」），文殊師利法王子，如汝所說，一無有異。」一切大眾聞此持珠功德，皆大歡喜，信受奉行。

　　數珠、持珠即俗稱之念珠。有關念珠的佛經，以《木槵子經》為最早，失譯者名，今附東晉錄。此外，連本文所論述的《佛說校量數珠功德經》在內，至少還有 8 種經。[2]這些經，除義淨譯的《曼殊師利咒藏中校量數珠功德經》與《佛說校量數珠功德經》大同小異外，其

2　阿地瞿多譯《阿彌陀佛大思維經說序分第一‧佛說作數珠法相品》，見《陀羅尼集經》卷二；寶思惟譯《佛說校量數珠功德經》；義淨譯《曼殊師利咒藏中校量數珠功德經》；善無畏譯《蘇悉地羯羅經》；善無畏譯《蘇悉地羯羅供養法》；不空譯《金剛頂瑜伽念珠經》；般若、牟尼室利共譯《守護國界主陀羅尼經》；般若譯《諸佛境界攝真寶經卷下‧持念品第八》。

餘都各有側重，有的主要講「貫串之法」，如《蘇悉地羯羅經》；有的主要講數珠之「功能理趣」，如《金剛頂瑜伽念珠經》；有的主要講念珠的由來，如《木子經》。本文所論的《佛說校量數珠功德經》，經文雖短，但內容全面。

數珠對中國佛教信仰的普及影響極大，直至今天，僧尼及一些善男信女仍持珠唸佛以修功德。據經文所揭示，影響所及，我以為有如下數端：

念珠可以多種多樣，給善男信女提供了不少方便，因為不同念珠只是得福多寡不同而已。這樣，不同地區可能就會使用具有該地區特色、易得易做的念珠。20世紀40年代中國南方有些尼寺用的是「薏苡」外殼做的念珠。有的寺院還自己種植薏苡。《蘇悉地羯羅經》中就說可以用薏苡乃至草籽做念珠。

《佛說校量數珠功德經》記載：「其數珠者，要當須滿一百八顆。如其難得，或為五十四，或二十七，或十四亦皆得用。」這就是說，不僅質量可好可壞，數量亦可多可少，最多108顆，最少14顆。直至今天，日本婦女進寺院禮佛，還手持14顆一串的念珠，既可唸佛，還是一種漂亮的裝飾品。

為什麼要用108顆，此經未有說明。失譯者名今附東晉錄的《佛說木子經》對此作瞭解釋，而且有一則小故事：波流離國王派使者見佛說，我們是邊陲小國，連遭寇賊，五穀昂貴，疾病流行，人民困苦。我因憂務在身，不得修行，請佛告訴我修行的簡易辦法，以便來世免受苦難。佛告訴國王：想要避免煩惱和六道輪迴，應當穿108顆木子，經常帶在身邊，行走坐臥，隨時唸一聲佛掐一珠，滿100萬遍，可以斷除108種「結業」，永斷煩惱根。佛家慣用108，簡稱百八，唸佛108，數珠108，曉鐘108，煩惱108，觀音菩薩的名字有108……佛

經有《金剛頂經毗盧遮那百八尊法身契印》《千缽文殊一百八名贊》《聖金剛手菩薩一百八名梵贊》《聖多羅一百八名經》《毗俱胝菩薩一百八名經》《佛說文殊師利一百八名梵贊》。念這些經的好處，歸納起來，正如唐不空譯《大吉祥天女十二契一百八名無垢大乘經》所說：「能除一切煩惱，能摧一切罪，能鉤召一切福，能除一切不祥……一切事業悉得成就。」這可能就是講究 108 這個數字的原因所在。

為何念珠以菩提子為最珍貴？前引佛經已有具體說明，菩提樹是延命樹，用此樹子做念珠，也就能延壽命、除煩惱、得吉祥，可謂持珠受益完美無缺，再加上修行簡便，念珠也就成為普遍受歡迎的「法物」。

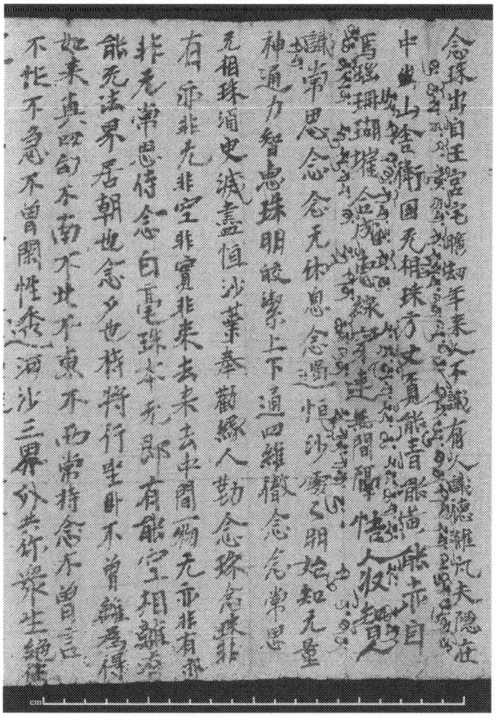

數珠屬於佛教「道具」。據《釋氏要覽》所載，在眾多道具中，有「經」專論者，只有錫杖和數珠，而有關數珠的經竟有 9 種之多。持珠唸佛又是善人的象徵。《舊唐書》卷一八四《李輔國傳》稱：「輔國不茹葷血，常為僧行，視事之際，手持念珠，人皆信以為善。」李輔國其人善與不善姑且不論，反正「手持念珠，人皆信以為善」。

翻譯了數珠經的義淨、寶思惟、不空都是一代名

▲ 圖 2　S.4243《念珠歌》（局部）

僧，可以想見，對當時的善男信女的影響是不小的。李輔國乃肅宗、代宗朝左右皇帝的顯赫人物，他尚且手持念珠，由此可見一斑。

敦煌遺書 S.4243 有很長的一段韻文，劉銘恕先生擬名為《念珠歌》（圖2）：

念珠出自王宮宅，曠劫年來人不識，
有人識得離凡夫，隱在中山舍衛國。
無相珠，方丈覓，能青能黃能赤白，
瑪瑙珊瑚催合成，惠線穿連無間隔。
悟人收，智見識，常思念唸無休息。
唸過恆沙處處明，始知無量神通力。
智慧珠，明皎潔，上下通，四維徹。
唸唸常思無相珠，須臾滅盡恆沙業。
奉勸緣人勤念珠，念珠非有亦非無，
非空非實非來去，來去中間一物無。
亦非有，亦非無，常思持念白毫珠，
本無即有能空相，離有能無法界居。
朝也念，夕也持，將行坐臥不曾離，
為得如來真四句，不南不北不東西。
常持念，不曾言，不忙不急不曾閒，
性透河沙三界外，共你眾生絕往還。
智為珠，惠為線，穿連悟常縱橫遍。
遮莫三千及大千，總在如來第一念。
悟人見，心歡喜，識得菩提妙真理，
念中真念鎮常言，如意寶珠無常體。

無罣礙，更無比，恆河諸佛從心起，
有人持念無相珠，即此便是如來體。

　　這首念珠歌，不僅朗朗上口，還包含了「無相唸佛」的哲理，敦煌當時流傳這種念珠歌，說明念珠這一「道具」在敦煌地區佛教信仰者中頗為流行。

▲ 圖3　持數珠觀音　第205窟　盛唐　　　　▲ 圖4　火天神　148窟　盛唐

敦煌壁畫中的念珠，略舉兩例：第 205 窟西壁（盛唐）畫觀音菩薩，右手執念珠，正在賜給一位貴婦人（圖 3）。第 148 窟南壁龕內「火天神」右手持一念珠（圖 4）。第 205 窟的觀音賜珠是一幅名畫，菩薩與受珠者雖然都已變色，但神態獨存：高大的菩薩頭戴化佛冠，亭亭玉立，頭微側，目俯視，右手持珠給一位信女；清信女穿窄衫小袖上衣，長裙曳地，肩披長帛，左手持香爐，仰首望著觀音菩薩，伸右手去接念珠；她後面跟著一個男侍，手捧物，也抬頭望著授受念珠。神、人相呼應，神祕而和諧。在當年，這一幅畫的宣傳效果就比佛經為大，這是完全可以想見的。

二、關於《佛說校量數珠功德經》譯場列位

敦煌遺書中，研究者稱之為「題記」者，[3]是一項價值極高的社會史料。同是一種經，由於繕寫的目的不同，可分為供養經、受持經、官府寫經、宮廷寫經。

「供養經」又叫「願經」，是善男信女表示某種願望而抄寫後奉獻給佛（由寺院收受）的經。這種經往往尾部有一段願文。人有生老病死、悲歡離合，情之所繫，普及含靈，社會七彩紛呈，天災人禍，苦之所及，不分官民。因此，人們對佛訴說的願望，雖各式各樣，但無不純潔、赤誠，也是今天我們認識過去的絕好材料。因與本文無關，將另文詳論。

「受持經」就是僧、尼、優婆塞、優婆夷用來唸誦的佛經、戒律、

3　日本著名敦煌學家、東京大學教授池田溫先生稱之為「識語」，著有《中國古代寫本識語集錄》（大藏出版株式會社 1990 年版），敦煌寫卷之題記均已收入。

論、疏、釋等。這些東西往往無題記，即使有，也只記某某人「受持」，都有使用過的跡象。有的甚至用破了，在背後補上幾個「補丁」再用，用功之勤，一見便知。

「官府寫經」應指「官經生」寫的經。現在有據可尋的是北魏永平、延昌年間敦煌鎮官經生寫的一批經，從中還可以看出寫經制度：尾部寫明誰抄寫、用紙多少張、校對是誰、典經師（帥）是誰。官府寫經的作用，愚意以為是範本，供人轉寫流通之用。

宮廷寫經的紙張、墨色、書法均極佳，每件都是藝術品，可以作為習字帖供人臨摹習字。這部分經包括佛經、道經，是敦煌藏經洞出土寫本之精品，僅斯坦因、伯希和劫經就將近 40 件。20 世紀 60 年代，日本知名學者藤枝晃先生就曾寫過研究文章，對宮廷寫經的各個方面進行了研究，是一篇經得起時間考驗的力作。[4] 我在這裡作點小小的補充：

宮廷寫經可分為正本、副本、貯本。《唐六典》「秘書監」條下稱：「四部之書，必立三本，曰正本、副本、貯本，以供進內及賜人。凡敕賜人書，秘書無本，皆別寫給之。」又「司經局洗馬」條稱：「（太子）洗馬掌經史子集四庫圖書刊輯之事，立正本、副本、貯本以備供進。凡天下之圖書，上於東宮者，皆受而藏之。」其實，《唐六典》所述只是中央政府秘書省和太子東宮入藏所需的份數，在圖書（佛經也是圖書）供進、刊輯、流通過程中，還得有寫本，如「進奏本」「賜本」「詳定本」。

「進奏本」是指某一譯場翻譯完某一佛經之後，送給秘書省的、尾

4　藤枝晃：《敦煌出土的長安宮廷寫經》，見《塚本博士頌壽紀唸佛教史學論集》，京都：同書刊行會 1961 年版。

部寫有「譯場列位」的寫本。唐代譯經盛行，制度完善，從波頗、玄奘到義淨、不空，所譯佛經往宮廷上報時，都得有進奏本，所謂「勘定既同，繕寫云畢，所司詳讀，乃上奏聞」[5]就是這一程序的寫照。P.3709 唐貞觀二十二年（648）寫的《佛地經》題記，S.2278《佛說寶雨經》卷九題記，就是出自敦煌藏經洞的「進奏本」。至於「進奏本」是否就是「必立三本」中之一本？很有可能。因為這正本、副本、貯本就是「以備供進」用的。

「賜本」就是秘書省或左春坊奉命抄寫的本子，亦即上引《唐六典》所稱「凡賜人書，秘書無本，皆別寫給之」的本子。藤枝晃先生論述的「宮廷寫經」即指此類。這種寫經有嚴格的制度，書寫、裝潢、校勘、詳閱、判官、監閱（簡稱「監」）皆有專人，各司其職。光校對就有「一校」「再校」「三校」「詳閱」等四人。這班僧俗名流，藤枝晃先生稱之為「寫經列位」，學術界稱善而從。[6]敦煌藏經洞出土的宮廷寫經，只能是賜本，因為：秘書省也好，東宮也好，凡入藏之書，絕不會輕易外流，此其一。其二，朝廷若認為需要，可以下令所司抄寫。《續高僧傳》卷三《波頗傳》稱：「（波頗）初譯《寶星經》，後移聖光（寺），又譯《般若燈》《大莊嚴論》，合三部三十五卷。至（貞觀）六年冬，勘閱既周，繕寫云畢，所司詳讀，乃上聞奏。下敕各寫十部，散劉海內。」

「詳定本」就是秘書省或者東宮「詳定」編目以後，可以向外「流行」之本，亦可以說是「頒佈本」。用今天的話來説，就是經出版局登記許可，編號後准予發行的「發行本」。其最大的特點是：尾部寫明什

5　法琳：《般若燈論序》，見《全唐文》卷九〇三，中華書局 1983 年版，第 9424 頁。

6　藤枝晃：《敦煌出土的長安宮廷寫經》，見《塚本博士頌壽紀唸佛教史學論集》，京都：同書刊行會 1961 年版。

麼時候開始翻譯，什麼時候「奏行」，什麼時候進呈，誰「詳定」之後什麼時候「檢校寫」，最後一句是「奉敕令昭文館學士等詳定編入目錄訖流行」。這種本子比較少見，我僅知兩例，即：本文所重點論述的S.2926《佛説校量數珠功德經》和S.2423《佛説示所犯者瑜伽法鏡經》。後一經的譯者為室利末多，也是《佛説校量數珠功德經》「證梵本義」的擔當者。兩經譯出的時間略有先後，但上表奏行的時間為景雲二年（711）三月十二日、十三日，只差一天。同年四月，太子洗馬才將兩經同時進奏，第二年的六月二十日，兩經同一天「流行」。因此，兩經尾部「題記」，除譯者不同外，「詳定列位」就完全相同。為節約篇幅，將兩經題記（比照先輩學者稱之為「譯場列位」「寫經列位」的辦法，以下改稱為「詳定列位」），用附圖發表。現把《佛説校量數珠功德經》的「詳定列位」逐錄於後，以資後文考證。

《持珠校量功德經》一卷

神龍元年（705）正月二十三日，北天竺國三藏（梵云阿你真那，唐云寶思惟）宣譯梵本，翻經大德屍利抹多證梵本義，婆羅門大首領臣李無諂譯語，翻經大德大興善寺僧師利譯義。至景雲二年歲次辛亥（711）三月十二日奏行，太極元年（711）四月日正議大夫、太子洗馬、照（昭）文館學士張齊賢等進。

奉敕太中大夫、照（昭）文館學士鄭喜王詳定，奉敕秘書少監、學士韋利器詳定，奉敕正義大夫、行太府卿、照（昭）文館學士沈佺期詳定，奉敕銀青光祿大夫、太子右諭德、照（昭）文館學士丘悦詳定，奉敕銀青光祿大夫、黃門侍郎、昭文館學士、上柱國李乂詳定，

奉敕工部侍郎、昭文館學士、上護軍盧藏用詳定，奉敕左散騎常侍、昭文館學士、權兼檢校右羽林將軍、上柱國、壽昌縣開國伯賈膺福詳定，奉敕右散騎常侍、照（昭）文館學士、權兼檢校左羽林將軍、上柱國、高平縣開國侯（徐）彥伯詳定，奉敕銀青光祿大夫、行中書郎、昭文館學士、兼太子左庶子崔湜詳定，奉敕金紫光祿大夫、禮部尚書、昭文館學士、上柱國、晉國公薛褻（稷）詳定。

延和元年（712）六月二十日，大興善寺翻經沙門師利檢校寫，奉敕令照（昭）文館學士等詳定編目錄訖流行。

此件之「詳定列位」史料價值很高，下面將逐項加以論述。

首先，我們看到了昭文館職能的實施。昭文館，亦即修文館、弘文館，三者職能相同，只是不同時期稱呼不同而已。新舊《唐書〉》皆有記載。《新唐書・百官志》稱：「弘文館……武德四年置修文館於門下省；九年改曰弘文館……儀鳳中，置詳正學士，校理圖籍。武德後，五品以上曰學士，六品以下曰直學士，又有文學直館，皆它官領之……神龍元年改弘文館曰昭文館，以避孝敬皇帝之名；二年曰修文館。景龍二年，置大學士四人，以象四時；學士八人，以象八節；直學士十二人，以象十二時。景云中，減其員數，復為昭文館。開元七年曰弘文館……」總之，其沿革如下：

武德四年（621）置修文館，九年（626）改曰弘文館；

神龍元年（705）改曰昭文館，二年（706）改曰修文館；

景云中（710—711）改曰昭文館；

開元七年（719）復為弘文館。

本寫卷形成於景云二年（711）之後，正是昭文館「掌詳正圖籍」

之時，因而「詳定列位」均冠「昭文館學士」之銜。昭文館學士，《新唐書・百官志》稱：「學士，掌詳正圖籍，教授生徒；朝廷制度沿革、禮儀輕重，皆參議焉。」武德四年置修文館之初，並無學士之設，儀鳳中（676—678）才設置，全稱為「詳正學士」。寫卷所列「詳定列位」共 11 人，每人都有兩個以上的官銜，但「昭文館學士」一銜，無一例外。這正如上引《新唐書・百官志》所載「學士皆以它官領之」。

從實際執行情況看，詳正學士在「詳正、校理圖籍」過程中，可能有定奪之權，因而頒行本的署名皆為某某學士「詳定」。到憲宗時，還有「詳定使」之設，《舊唐書・崔郾傳》記載，著名的《吉凶書儀》的作者鄭餘慶就曾任「禮儀詳定使」。《舊唐書・鄭餘慶傳》稱：「憲宗以餘慶諳練典章，朝廷禮樂制度有乖故事，專委余慶參酌施行，遂用為詳定使。餘慶復奏刑部侍郎韓愈、禮部侍郎李程為副使，左司郎中崔郾、吏部郎中陳珮、刑部員外郎楊嗣復、禮部員外郎庾敬休並充詳定判官。」

其次，寫卷告訴我們，領銜將寫經向朝廷「供進」者為「太子洗馬」。文曰：「太極元年（711）四月日正議大夫、太子洗馬、昭文館學士張齊賢等進」，這完全符合唐制。按《唐六典》卷二六載，東宮有司經局，「司經局洗馬二人，從五品下（《國語》云：夫差為勾踐洗馬。漢太子少府屬官有太子洗馬……隋門下坊司經局置洗馬四人，從五品下，至大業中，減二人，皇朝因之）……洗馬掌經、史、子、集四庫圖書刊輯之事，立正本、副本、貯本以備供進」。正因為太子洗馬掌「四庫圖書刊輯之事」，所以在一班昭文館學士之中，由太子洗馬張齊賢領銜進呈。

第三，寫卷證明了此時秘書省職權的變遷。本寫卷「詳定列位」的第三位人物是「秘書少監學士韋利器」。秘書省的副職稱「秘書少

監」，《通典》卷二六載：「天授初改秘書省為麟台，神龍初復舊，掌經籍圖書，監國史，領著作、太史二局。大極元年（711）增秘書少監為二員，通判省事。其後，國史、太史分為別曹，而秘書省但主書寫、勘校而已。雖非要劇，然好事君子亦求為之。」本寫卷正好是太極元年的本子，因此「詳定列位」中有「秘書少監」也就很好理解了。太子洗馬管圖書「刊輯」，秘書少監管圖書「書寫、勘校」，分工具體，責任明確，制度之完善，令人歎服。「法令有常則國靜」，各種制度的嚴格執行，是高效率的保證，是社會安定、祥和的體現。

本寫卷的「詳定列位」，官品都比昭文館學士五品高，按文中先後，依次為：

張齊賢，正四品上。

鄭喜王，從四品上。

韋利器，從四品上。

沈佺期，從三品。

丘　悅，正四品下。

李　乂，正四品下。

盧藏用，正四品下。

賈膺福，正三品，據《六典》則為從三品。

徐彥伯，正三品，據《六典》則為從三品。

崔　提，正三品。

薛　稷，正三品。

「詳定列位」的官品，普遍比「寫經列位」高，說明圖書輯刊比圖書抄寫重要，這是合理的。

第四，本寫卷的「詳定列位」，可補新舊《唐書》列傳者不少，現按次序分述如下：

　　張齊賢，《舊唐書》無傳，《新唐書》有傳，但主要説他如何奏議，至於他的官位，只説「聖歷初，為太常奉禮郎」，「久之，齊賢遷博士」，「累遷諫議大夫，卒」。諫議大夫，據《新唐書・百官志》為正四品下，據《唐六典》則為正五品上。據寫卷，張齊賢為「正議大夫（正四品上）、太子洗馬、昭文館學士」，可補《新唐書・張齊賢傳》。

　　鄭喜王，新舊《唐書》皆無傳。他的結銜是「太中大夫、昭文館學士」。「太中大夫」是文散官，從四品上，多以年老有疾而德高者為之。

　　韋利器，新舊《唐書》皆無傳。《元和姓纂》卷二提到一句：「（韋）思敬孫利器，諫議大夫。」今人郁賢皓《唐刺史考》據《宋高僧傳》《嚴州圖經》《韋利器等造像銘》考證了韋利器之略歷：開元三年（715）時為秘書少監，開元七年（719）時在睦州刺史任上，終諫議大夫。[7]寫卷告訴我們，至少太極元年（711）時韋利器已是「秘書少監、昭文館學士」了。

　　沈佺期，唐代詩人中對律詩體制的定型頗有影響的人物，亦曾在宦海中沉浮，因而新舊《唐書》皆有傳。但兩書都説他神龍（705—706）以後「歷中書舍人，太子詹事」，而《全唐文・授沈佺期太子少詹事等制》則説是「正議大夫、太府少卿、昭文館學士、上柱國、吳興縣開國男沈佺期……」對照寫卷，兩《唐書》本傳的結銜不及寫卷，而《授沈佺期太子少詹事等制》勳銜則有過之。《制》無日期，可由寫卷推定其授於延和元年（712）之後。這是因為：在「詳定列位」中，李乂、賈膺福、徐彥伯、薛稷都帶勳銜，沈佺期此時如已加勳，也會寫上「上柱國、吳興縣開國男」勳銜的。勳官是一種殊榮，題名結銜

7　郁賢皓：〈《唐刺史考》第 4 冊，江蘇古籍出版社 1987 年版，第 1846 頁，

時絕不會忽略。

丘悅，《新唐書》附員半千傳，《舊唐書》有傳。兩書都只說他是「直學士」（六品），官至「歧王傳」（從三品）。親王府裡的「傳」，按《唐六典》卷二九記載，開元初才改「師」為「傳」的，因而延和元年（712）寫卷詳定列位中的丘悅不可能掛銜為「傳」，這正符合史實。寫卷所提「銀青光祿大夫、太子右諭德、昭文館學士」則可補《舊唐書‧文苑中‧丘悅傳》。

李乂，新舊《唐書》均有傳，《全唐文》卷二五八還有《唐紫微侍郎贈黃門監李乂神道碑》，敘其事蹟甚詳。寫捲上李乂的勳官為上柱國，而兩《唐書》有景云初封中山郡公的記載，《神道碑》則有「晉爵中山郡開國公」之說。何者為是？錄之俱存。

盧藏用，新舊《唐書》皆有傳。《舊唐書‧盧藏用傳》稱：「景龍（707—709）中為吏部侍郎。藏用性無挺特，多為權要所逼，頗隳公道。又遷黃門侍郎，兼昭文館學士，轉工部侍郎、尚書右丞……」《新唐書》大同小異，唯工部侍郎一職，稱「坐親累，降工部侍郎」。本寫卷盧藏用結銜為工部侍郎、昭文館學士、上護軍，其他都相符，只缺上護軍。上護軍亦系勳官。《職官分紀》卷四九載：「唐采前代舊名，置上護軍，護軍為勳官。」盧藏用的「上護軍」一銜，可補兩《唐書》盧藏用傳。

賈膺福，新舊《唐書》皆無傳。他是《大云寺碑》的作者，碑文收入《全唐文》卷二五九，文前有作者小傳，曰：「膺福，曹州冤句人。懷州刺史敦實子。武后朝官太子中舍人，先天中歷任左散騎常侍，宏文館學士。」其父賈敦實，兩《唐書》皆有傳附於賈敦頤傳。敦實傳稱：「子膺福，先天中歷任左散騎常侍、昭文館學士，坐預竇懷貞等謀逆伏誅。」又，賈膺福曾參與「太平公主事」，在《新唐書》諸帝

公主傳及《舊唐書·睿宗紀》中都有反映，後者比較具體，稱：「（先天二年）秋七月甲子，太平公主與僕射竇懷貞、侍中岑義、中書令蕭至忠、左羽林大將軍常元楷等謀逆，事覺，皇帝率兵誅之。窮其黨羽，太子少保薛稷，左散騎常侍賈膺福，右羽林將軍李慈、李欽，中書舍人李猷，中書令崔湜，尚書左丞盧藏用，太史令傅孝忠，僧惠范等皆誅之。」寫卷「詳定列位」中的賈膺福結銜為「左散騎常侍、昭文館學士、權兼檢校右羽林將軍、上柱國、壽昌縣開國伯」。看來，在太平公主事失敗之前，賈膺福大大發跡了一番，無奈官場好景如過眼雲煙，先天二年（713）就「伏誅」了。寫卷中他的結銜，可補正史之闕如。

徐彥伯，新舊《唐書》皆有傳，《舊唐書》比較具體，稱：「……神龍元年（705）遷太常少卿，兼修國史，以預修《則天實錄》成，封高平縣子，賜物五百段……人為工部侍郎，尋除衛尉卿，兼昭文館學士。景龍三年（709），中宗親拜南郊，彥伯作《南郊賦》以獻，辭甚典美。景云初，加銀青光祿大夫，遷右散常侍、太子賓客，仍兼昭文館學士，先天元年（712），以疾乞骸骨，許之……」就這樣，寫卷的結銜也比正史詳細而且品位高。寫卷作「右散騎常侍、昭文館學士、權兼檢校左羽林將軍、上柱國、高平縣開國侯」，可補正史之不足。

崔湜，新舊《唐書》皆有傳。此人可謂「文人無行」者，「及位極人臣，而心無止足」，最終因參與太平公主事而被「賜死」。據兩《唐書》記載，景龍二年（708）遷兵部侍郎，俄拜吏部侍郎，尋轉中書侍郎、同中書門下平章事。他因「銓綜失序」而左轉為江州司馬。由於上官昭容、安樂公主向中宗求情，他被改任為襄州刺史。未幾，入為尚書左丞。韋庶人臨朝，他復為中書侍郎、同中書門下三品。睿宗即位（710），出為華州刺史，俄又拜太子詹事，因開山路之功，加銀青

光祿大夫。景云中（710—711）為太平公主所引，復遷中書門下三品。先天元年（712）拜中書令。寫卷他的結銜為「銀青光祿大夫、行中書侍郎、昭文館學士、兼太子左庶子」，正史缺「太子左庶子」一銜。

薛稷，新舊《唐書》皆有傳。按兩《唐書》，薛稷景龍末（709）為諫議大夫、昭文館學士。睿宗立（710），遷太常少卿，封晉國公，累拜中書侍郎、戶部尚書。一度曾被罷為左散騎常侍，後歷工部尚書、禮部尚書，除太子少保。此外，《全唐文》卷二五 有《授薛稷中書侍郎制》和《授薛稷諫議大夫制》，據兩《制》則薛稷曾被加勳為「銀青光祿大夫」，被封為「河東縣開國男」，然而都與寫卷有所出入，寫卷為「金紫光祿大夫、禮部尚書、昭文館學士、上柱國、晉國公」。看來太平公主事失敗之前，也就是薛稷被賜死之前，官至太子少保（正三品），而「太子少保」的授予必在寫卷的成立年月——延和元年（712）六月二十日之後。就這樣，正史仍缺「金紫光祿大夫」「上柱國」二銜，錄之以補不足。

《佛說校量數珠功德經》產生於神龍（705）至延和（712）之間。延和元年，又是太極元年、先天元年，一年改元三次。從705—712年，歷中宗、少帝、睿宗到玄宗，朝廷多事，官員更迭猶如走馬燈，史書記載不詳，乃情理中事。又寫卷「詳定列位」中，有一位叫師利的大興善寺翻經沙門，是三階教的名僧。隋代末年，三階教被禁以後，其勢力一直不振。《開元釋教錄》卷一八記載，武則天聖歷二年（699）曾下令：「其有學三階者，唯得乞食，長齋絕谷，持戒坐禪，此外輒行，皆是違法。」可是景龍元年（706）他竟以「大興善寺翻經大德」的名義參加了三階教經典《佛說示所犯者瑜伽法鏡經》的翻譯，擔負「筆受綴文」重任，延和元年（712）「檢校」寫《佛說示所犯者瑜伽法鏡經》和《佛說校量數珠功德經》，說明此時三階教勢力有所抬

頭。《開元釋教錄》卷一八又記玄宗即位以後，「其僧師利，因少斗訟，聖躬親慮，特令還俗」。事有湊巧，他和昭文館學士薛稷、崔湜、盧藏用、賈膺福等很快都退出了歷史舞台。

寫卷為我們提供了上述神龍（705）至延和（712）年間方方面面的寶貴材料，但寫卷本身並不是延和元年（712）的寫經，理由是：

昭文館的「昭」字，有5處寫為「照」字，有的有寫後又改掉的痕跡。這種錯誤，絕對不可能出現於當時的秘書省、左春坊這樣一些單位，因為這些部門有專門的楷書手、校書郎。這種錯誤，也不會出現於昭文館。據《宋高僧傳·寶思惟傳》記載，《佛說校量數珠功德經》的進呈本，應是張齊賢等繕寫進內的。《宋高僧傳·寶思惟傳》稱：「（寶思惟）以天后長壽二年屆於洛都，敕於天宮寺安置，即以其年創譯。至中宗神龍二年（706），於佛授記、天宮、福先等寺，出《不空羂索陀羅尼經》等七部（按：這七部佛經是：《不空窺索陀羅尼自在王咒經》《浴像功德經》《校量數珠功德經》《觀世音菩薩如意摩尼陀羅尼經》《文殊師利根本一字陀羅尼經》《大陀羅尼末法中一字心咒經》《隨求即得自在陀羅尼神咒經》）。睿宗太極元年四月，太子洗馬張齊賢等繕寫進內。其年六月，敕令禮部尚書晉國公薛稷、右常侍高平侯徐彥伯等詳定入目施行……」張齊賢本人就是昭文館學士。昭文館學士把「昭」字寫成「照」字，怎麼可能呢？此其一。

其二，昭文館的「館」字，寫卷通通把「飠」字旁寫成「舍」旁，作「舘」。「舘」字不見於《說文》，可見本無此字。明代梅膺祚撰《字彙》，收有此字，後來的《康熙字典》《中華大字典》，現在的《中文大字典》皆引《字彙》曰：「舘，俗館字。」《中文大字典》還收有宋代米芾書「舘」字，說明此俗字在宋代已經流行。敦煌遺書中，俗字、異體字、別字、白字很多，但多數出現在社會文書或經生寫經中，此

寫卷的原本出自宮廷，據《唐六典》卷一，昭文館在門下省，秘書省有「正字」四人，「掌詳定典籍，正其文字」。從哪一方面講都不會出現這種疏漏。同時，與此件的「詳定列位」完全相同的 S.2423《佛說示所犯者瑜伽法鏡經》中，昭文館的「館」字，全都作「館」，說明此件的原本也應作「館」，也說明此件是後來的抄件。

第三，此件的書寫格式也絕非原件，不該提行的地方提行，一行寫不下，就不顧格式，立即提行、換行，這也是宮廷寫本絕對不允許出現的疏漏。

第四，書法不佳，烏絲欄粗細、長短參差無章。紙的接縫隨便拼湊，都不應該是詳定本的規格。

總之，此寫本不是延和元年（712）的「詳定本」，而是依照「詳定本」抄寫的複本。按理，卷末的「詳定列位」不用再抄，可能由於抄寫者無知，來樣照抄，就成了現在寫卷的樣子。一般文人學子理應知道「昭文館」的，抄寫者竟然不知，其無知的程度可想而知。

S.2423 也不是延和元年的原件，其「詳定列位」中的「丘悅」寫成「延悅」，僅此一條便知絕非秘書省、左春坊等所寫，因為昭文館學士雖然位在五品，但是均為他官兼任，且均為知名人士、社會名流，如非隔代是不會寫錯的。

以上兩件的寫經題記告訴我們：敦煌寫經中年代題記的情況較複雜，題記所表示的年代，不一定是絕對可靠的書寫年代，要斷定它，必須經過研究。

（原載《敦煌研究》1993 年第 4 期）

附錄

打不走的莫高窟人

　　敦煌莫高窟的存在，敦煌藏經洞的發現，使世界上的人們因而知道有敦煌。

　　1962 年，《人民文學》發表了徐遲先生的報告文學《祁連山下》，轟動一時，國內不少讀者不僅知道了敦煌，而且知道了有一支以「尚達」先生為代表的敦煌文物研究所的員工隊伍。善良的讀者為主人公尚達——一個在法國喝了十年洋墨水的畫家到莫高窟的第一頓飯只能以紅柳枝代替筷子而讚歎，為尚達夫人不辭而別，尚達拖兒帶女孤守敦煌而灑下同情之淚。……《祁連山下》發表之後的很長一段時間，就連我認識的人在內，見面總要問起「尚達」先生，總要問生活在敦煌苦不苦。

　　是的，昔日的敦煌是苦的。

　　即使日曆翻到 1962 年，莫高窟還沒有電。據老同志告訴我，他們曾想到用宕泉水搞水力發電，於是自己動手修渠打壩，用水的落差來

帶動水磨，開動電機。誰知，此事有如「秀才造反，十年不成」，「發電站」發出來的電像螢火蟲一般亮了一下就再也不發光了。人們為了自我安慰，說是「曾經給我們帶來過一線光明」。

莫高窟離城 25 公里，沒有汽車，有一掛馬車，因而堂堂研究所的職工中還有一名「馬兒車伕斯基」。為數不多的職工子女，上學必須進城，星期六用馬車接回來，晚上趕緊消滅衣服上的蝨子，星期天用馬車搖著送回去。有一次，兩個孩子沒能坐馬車回來，父母十分著急。那時候，李永寧同志是所長秘書，自告奮勇騎馬進城把孩子找了回來。

我們沒有汽車坐，卻時不時得抬汽車：莫高窟前有一條河叫「宕泉河」（當地人叫大泉河，宕、大乃一音之轉），夏天無水，冬天卻滿河床是冰。河上沒橋，從莫高窟到河對岸，一到冬天，人、車皆履冰而過。當年，隔三差五有參觀車，弄不好車掉進冰窟窿裡，向我們求援，義不容辭——抬車。

1965 年，莫高窟迎來了第一輛轎車。為了記住昔日步行進城的小路，也為了紀念結束徒步的歷史，常書鴻先生帶領我們沿鳴沙山東麓的小路作最後一次徒步進城，然後坐著新車回到莫高窟。但是，冬天抬車卻有增無減，因為還得抬自己的汽車。

喝的是苦水。初來乍到者，往往腸鳴水瀉。我到敦煌半年後肚子才正常。如有首長到敦煌來參觀，得從敦煌城拉水。冬天，我們在宕泉河上鑿冰沖沖，才喝上一陣子甜水，也很有點《詩經.豳風.七月》的詩意。孩子們可不一樣，他們在莫高窟土生土長，星期天從城上回來，進家先喝一肚子苦水，覺得好喝。他們覺得鹹水有味，而甜水則「淡兮兮的不愛喝」。

研究所內，沒有什麼像樣的桌椅板凳，一張廟裡的「供桌」陪伴了我們 20 年。直到 80 年代初，以我們家為例，家具只有四條小板凳，

還是公家發的，這是用莫高窟前死掉的一種叫「鬼拍掌」的樹做的，特有意義。如今，它們又跟著我們來到蘭州。書架是土的：用土坯做支架，幾塊小木板拼成隔板；沙發是土的，全用土坯砌成「沙發」的樣子，再鋪上舊棉絮；桌子是土的：土坯做腿，桌面則先在腿上搭幾根木條，再在木條上砌土坯，然後墁光、刷上石灰；睡的是土炕。清一色的土製家具，倒有一條好處——無損壞之虞。只是那土炕，冬天得燒火，南方人睡不慣，長期不燒，土坯發潮炕就塌。

　　人，就是怪，有人生在福中不知福，也有人生在苦中不知苦。後者往往有些「迂」。

　　即使是60年代初期，多數洞窟窟前無棧道、走廊、梯蹬，用的是「蜈蚣梯」。洞窟多數無門，人在窟內工作，風吹日曬全憑天公安排。洞窟坐西朝東，上午窟內光線尚可，下午就不行了，又不能點燈（油煙會熏壞壁畫），於是只能用鏡子反光——向老天爺借光。洞窟要全面維修加固，工程開始前須對窟前遺址進行發掘，對崖面遺址——梁眼、椽眼等等進行實測、記錄，考古組的人腰繫繩索，打鞦韆似的懸空作業。第130窟大面積的壁畫加固，保護組的人就得掄大錘打鋼鐵。

　　是的，敦煌的生活、工作是苦的。然而，敦煌人除了因孩子上學不便而感到有點內疚而外，他們似乎不感到什麼苦。人們常常能聽到臨摹工作者、保護工作者從窟內傳出的川劇、秦腔、民歌、小調。他們面對佛、菩薩，有時竟那樣忘情。資料室不但白天開門，晚上也開門，煤油燈擦得　亮，看看心裡也光明。被稱為「活字典」的史葦湘先生每晚必到，以供同志們「備查」。著名的第465窟（俗稱歡喜佛洞）孤零零坐落在石窟群的北端，離我們的住區——中寺、上寺很遠，李其瓊女士臨摹該窟時，帶上乾糧，中午不回家，為的是節省時間，並爭到光線充足的黃金時間。壁畫內容複雜，而佛經又不能借回家查

閱，只好出了洞窟又進資料室，帶著壁畫中的形象去找佛經依據。

佛經浩如煙海，莫高窟的壁畫內容，時至今日尚有不明確切名稱者。第 257 窟的須摩提女因緣是連續 14 個畫面的橫幅式故事畫，曾幾次易名：最早，以閻文儒先生的暫定名為準，叫它「菩薩赴會」；後來，史葦湘先生據《賢愚經》定為「富那奇緣品」，比「菩薩赴會」前進了一步；又後來，一個偶然的機會，我翻經翻到吳（三國）支謙譯的《須摩提女經》，比對之後認為此畫應名為「須摩提女因緣」。現在敦煌研究院院長段文傑先生還專門把畫面與經文對照了一遍，告訴我「連次序都準確無誤」。像海底撈針般撈到了一根針，我自己也感到高興。然而，有人問我：「你們的工作與國計民生無關，有你們不多，沒你們不少，真正是可有可無，哪來那麼大的興趣？」

第 285 窟是莫高窟有絕對年代題記的最早的一窟，也是進行愛國主義教育的好教材：1925 年，美國的華爾納第二次來敦煌，原打算將此窟壁畫全部剝走（可見此窟價值之高），全賴敦煌鄉民、紳士及地方官的防範，才倖免於劫。此窟北壁和東壁為莫高窟獨一無二的南朝風格的壁畫。其中有兩個菩薩，眉宇疏朗，朱唇豔如新抹，體態飄逸，一派風流倜儻的名士風度。有一天，不知哪位同仁發現兩位菩薩的嘴唇掉了。李承仙同志當時是黨支部書記，還認真追查過，想弄清楚是誰碰掉了。這是一椿至今未了的公案。也許有人會說：這是何苦？

第 194 窟位於高處，雕塑家何鄂臨摹該窟天王像時，搬土提水一應自己動手。一般的天王像都是怒目圓睜的可怕形象，而第 194 窟裡卻有一身笑天王。何鄂在臨摹過程中，處處領略著唐代雕塑家的藝術造詣，感情亢奮，總想把自己的愉悅與人分享。一天，我上洞子工作，路過第 194 窟。我不是搞美術的，她不怕「對牛談琴」，硬是給我講了那尊天王的面部：分開來看，哪一點都不美，小眼睛、小鼻子、小

嘴，而且「五官集中」，但是整體看，他的眼睛、鼻子、嘴甚至眉毛、鬍子都在笑，「五官集中」正是笑的結果。「笑都是眯著眼笑，你見過瞪大眼睛笑的嗎？」何鄂問我。還沒有等我回答，她又接著說：「妙就妙在恰到好處，通過面部表情刻畫出了‘會心的笑’。」天王在笑，何鄂在笑，不是縱情的笑，而是溫情脈脈的笑。何鄂的真情感染了我，眼前站的似乎不是天王和何鄂，幻化出的是一對情人，他們無限幸福。如果此時有人問何鄂：莫高窟苦不苦，她會把你當成瘋子！

第194窟還有一身「任是無情也動情」的菩薩，也為莫高窟平添了不少佳話。有一次，我接待一位革命老幹部。他不是搞藝術的，看了這位菩薩，遲遲不走，真所謂「流連忘返」。他說：「不怕你笑話，要不是文物保護政策的束縛，我真想和她拉拉手，想和她談談心。你大概會覺得我是《巴黎聖母院》裡的敲鐘人吧？」我深受感動，頓覺有幸守著她而自豪，為自己是莫高窟人而驕傲。

敦煌的美術工作者、研究者們會如數家珍般地告訴你哪位菩薩最美，哪個洞窟顏色最新，哪條題記在哪裡，哪條邊飾最華麗，哪個洞窟最大，哪個洞窟最小，衣冠服飾、器物供具，

多少經變，多少故事……他們的腦子就是一本石窟內容總錄。敦煌的保護工作者會告訴你多少洞窟有病蟲害，哪個洞窟壁畫剝落最厲害，哪個洞窟岩體有裂縫，哪尊塑像得修復……他們食人間煙火，又似乎不食人間煙火，因為他們與莫高窟是那麼不可分，而莫高窟則是「西方淨土」！

在那可詛咒的「文化大革命」的日子裡，莫高窟也分成兩派。有趣的是：兩派都聲稱自己是革命造反派，而自詡造反派的標準之一，就是誰家都亮出「保護文物」的旗幟，誰家都在身體力行。在那場災難中，「典型的四舊」莫高窟沒有被「掃」掉，也可算是奇蹟。我曾經

不止一次給前來採訪的記者說過，希望有誰能寫一下連我們自己也說不清的那種精神。更有奇者，北京大學來的紅衛兵，到莫高窟一看，也吩咐我們：你們一定要保護好莫高窟，這是革命與反革命的分界線！我老在想：莫高窟藝術莫非是人們思想的淨化劑？

「文革」後，尤其是十一屆三中全會以後，莫高窟拂去了昔日「左」的塵埃，像淨琉璃（佛教的七寶之一）那樣光彩照人。不少記者來採訪，有人想寫「莫高窟精神」，有人要寫「打不走的人」。當我聽到「打不走的人」這一命題時，確實感慨系之。反右派，莫高窟不能例外；「摘帽子」，也隨著社會而來。那時候的「摘帽右派」史葦湘、孫儒僩、李其瓊都是剛步入中年、精力旺盛的人，如果他們想離開敦煌，易如反掌。但是，他們誰也沒有如此想。

「文化大革命」時，由於兩派都要保護石窟，洞窟是保下來了，沒遭人為的破壞，但其他方面仍然是步步「緊跟」而「有過之而無不及」的。所長、書記固然是「走資派」，在劫難逃，而歷次運動中受衝擊者也未能倖免。研究所當時只有 40 多人，而被揪斗者竟達 25 人，台上站的「牛鬼蛇神」比台下「革命群眾」還要多。今天想來好笑，當年爭來爭去，研究所的好多人只是想當個「革命群眾」而不可得。於是，段文傑先生當了「社員」；史葦湘先生做了「羊倌」；在革命聖地延安生長、沒在「國統區」生活過一天的賀世哲先生成了「反革命」，被開除黨籍、開除公職送回老家；孫儒僩、李其瓊被再一次戴上了帽子遣送回四川老家。打倒「四人幫」以後，給他們落實政策，還是沒有一個人要求離開敦煌，都回到了莫高窟。千真萬確是「打不走的莫高窟人」，敦煌像一塊磁鐵，吸引著鋼鐵般的人們。

生活在莫高窟又是幸福的。

多數黨和國家領導人都到過莫高窟，歷任甘肅省委書記、省長，

更是人人都到過莫高窟。首長們對莫高窟的艱苦給以同情和關懷，對堅持在此工作的人們表示讚揚。

1983 年，法國巴黎舉辦敦煌壁畫展覽，同時舉行國際敦煌學學術研討會，敦煌研究院的人受到特別的禮遇：巴黎副市長接見我們並送了禮物；我們到巴黎國立圖書館參觀，東方部主任給我們看了來自敦煌的最精彩的寫本，並宴請我們；到吉美博物館參觀時，陳列部主任領我們看了庫房中保存的來自敦煌的精品。他通過翻譯告訴我們：請隨便，你們就像回娘家一樣不用客氣。說完以後，又覺得「回娘家」一詞顯然不合適，手足無措，很是尷尬，一時竟說不出話來。雖然，伯希和拿去的東西，罪不在他，但見了敦煌人，他仍有代人受過的表示。這一切，就因為我們來自敦煌，我們是敦煌人。

1989 年，我應邀參加日本龍谷大學創立 350 週年紀念會並出席國際學術討論會。被邀請的原因很簡單：其一，當時我正旅居日本；其二，最主要的，因為我是敦煌人。其間，由龍谷大學安排，我參觀了唐招提寺，並提出希望能看一看招提寺所藏的敦煌寫經。唐招提寺年過古稀的森本長老聽說我們來自敦煌，不但親自接待我們，而且還跪著（那是他對佛經的崇敬）為我們一件件地展卷、收卷。

1991 年，日本朋友西村三郎為我聯繫參觀三井文庫所藏敦煌寫本。三井文庫珍藏的寫本，已經 50 多年沒有讓人看過，當我遞上名片，對方一看來者是「敦煌研究院敦煌遺書研究所所長」時，稍加考慮即欣然應允。接著，112 件寫本，件件讓我隨便看，並和我一起重新編制了目錄。

旅日兩年間，我到過東洋文庫、國會圖書館、中央圖書館、京都博物館、東京博物館、書道博物館、三井文庫、靜嘉堂文庫、大東急紀念館、御茶水圖書館、天理圖書館、寧樂美術館、藤井有鄰館、東

京大學東洋學研究所、大和文華館、大阪美術館等等，除書道博物館外，所到之處，只要聽說是「從敦煌來的」，都能「有求必應」；在書店或圖書館，偶爾碰見台灣同胞，一聽說我來自敦煌，無不「哇」一聲，如見天外來客，問這問那，處處流露出肅然起敬之情。作為敦煌人，我在日本的最深感受是：敦煌是一個值得為之獻身的地方！

敦煌人作為一個群體，國際國內知名，作為個人，卻多默默無聞。據說最近播出的百部影片中有《敦煌藝術》。此片從選材到腳本、解說詞到拍攝，敦煌人一直是參與者，卻未掛敦煌人的任何名字。舞劇《絲路花雨》名揚海內外，出了不少「著名專家」。現在舞台上經常出現的唐代髮式、唐代頭飾、唐代服飾，不少來自《絲路花雨》。但，《絲路花雨》是怎樣創作出來的，敦煌人最清楚。可是，即使是市場經濟蓬勃發展、知識產權日益完善的今天，敦煌人也無怨無悔。他們多半沒有什麼豪言壯語，也不善於名利場上的追逐，甚至對送上門來的記者，也不知利用機會……

他們與敦煌同呼吸，共命運，他們對敦煌如痴如醉，忠貞不貳。要問為什麼，那就是因為莫高窟是一個值得為之獻身的地方！

作者附言：本文說到的「敦煌」指莫高窟，說到的「敦煌人」則是指在莫高窟工作的人們。

（原載《敦煌研究》1994 年第 2 期）

後記

　　施老師從事敦煌學研究 50 餘年，發表論文、論著 60 餘篇（部），數量不算多，但在敦煌學界名氣很大，早在 1972 年發表的第一篇論文《本所藏敦煌唐代奴婢買賣文書介紹》（發表時用名《從一件奴婢買賣文書看唐代階級壓迫》）就顯示了她的文史才華。在 20 世紀 80 年代初敦煌學剛剛發展時期，就於 1983 年發表 6 萬字的成名作《敦煌曆日研究》，做敦煌曆日研究要瞭解古代曆日，一定要有超人智慧，這篇文章就洋溢著一種智慧，如施老師在文中提到她是「偶然」從《小學紺珠》查到「九宮」的記載。同年又發表《本所藏〈酒賬〉研究》，將分裂三份的《歸義軍衙府酒賬》拼接起來，將時間比定在宋初乾德二年（964）。這兩篇「高大上」的著作奠定了施老師在敦煌學界的地位。

　　施老師的研究涉及敦煌史地、敦煌石窟、敦煌文獻等領域，主要成果收集在甘肅民族出版社 2004 年出版的《敦煌習學集》中。2014 年年底，浙江大學劉進寶教授組織「絲路敦煌學術書系」，囑余協調施老師的自選集。這套叢書有字數限制，所以只挑選了 20 篇，上卷是敦煌

石窟研究論文 10 篇，下卷則是敦煌文獻研究論文 10 篇，至於敦煌文獻目錄學的調查研究論文則未予收錄。相比於《敦煌習學集》，本書增加了施老師參與完成的《莫高窟第 220 窟新發現的複壁壁畫》《奇思馳騁為「皈依」——敦煌、新疆所見須摩提女因緣故事畫介紹》和《敦煌習學集》出版之後發表的《讀〈翟家碑〉札記》《敦煌經變畫》《中國最早的無量壽經變》《新定阿彌陀經變——莫高窟第 225 窟南壁龕頂壁畫重讀記》，共計 6 篇，算是對《敦煌習學集》的補充。

本論文選所選論文的題目除《本所藏敦煌唐代奴婢買賣文書介紹》（第一次發表時用《從一件奴婢買賣文書看唐代階級壓迫》）外，均沒有改動。出版個人文集，有的學者是一字不改，保持原樣；有的學者則有補充修改，我覺得發表論文和出版專著都是給別人使用，最好進行補充修改，所以在編輯過程中，我對內容做了少量的補充修改，註解作了統一。由於時間緊和我學識有限，可能有改動錯的地方，如讀者存有疑問，請對照初次發表的刊物進行核實。

施老師論著多數沒有電子版，所以先請杭州中元數據科技有限公司將 2004 年出版的《敦煌習學集》掃成文檔，施老師率施躍娟、施勁榕、邰惠莉、陳菊霞、顧淑彥、屈直敏、陳明和我等人分工合作，對選出論文的文檔進行了校對，敦煌研究院對書稿的圖版提供了許多幫助。最後由我合成並對全文進行編校。由於時間緊，內容可能還存在不少錯誤，特別是卷號、錄文都沒有核對，有愧於老師。

施老師年事已高，這次編輯這本書，未讓她承擔太多的具體工作，文中存在的問題由我承擔責任。

願施老師健康長壽！

王惠民

2015 年 6 月

地域文化研究叢書・敦煌文化研究叢刊　A0204002

敦煌石窟與文獻研究　下冊

作　　者	施萍婷	
版權策畫	李煥芹	
責任編輯	曾湘綾	

發 行 人　林慶彰

總 經 理　梁錦興

總 編 輯　張晏瑞

編 輯 所　萬卷樓圖書股份有限公司

臺北市羅斯福路二段 41 號 6 樓之 3

電話 (02)23216565

傳真 (02)23218698

出　　版　昌明文化有限公司

桃園市龜山區中原街 32 號

電話 (02)23216565

發　　行　萬卷樓圖書股份有限公司

臺北市羅斯福路二段 41 號 6 樓之 3

電話 (02)23216565

傳真 (02)23218698

電郵 SERVICE@WANJUAN.COM.TW

ISBN 978-986-496-470-3

2019 年 3 月初版

定價：新臺幣 360 元

如何購買本書：

1. 轉帳購書，請透過以下帳戶

　合作金庫銀行　古亭分行

　戶名：萬卷樓圖書股份有限公司

　帳號：0877717092596

2. 網路購書，請透過萬卷樓網站

　網址 WWW.WANJUAN.COM.TW

大量購書，請直接聯繫我們，將有專人為您

服務。客服：(02)23216565 分機 610

如有缺頁、破損或裝訂錯誤，請寄回更換

版權所有・翻印必究

Copyright©2019 by WanJuanLou Books CO., Ltd.

All Rights Reserved　　　　Printed in Taiwan

國家圖書館出版品預行編目資料

敦煌石窟與文獻研究 下冊 / 施萍婷著.-- 初
版.-- 桃園市：昌明文化出版；臺北市：萬
卷樓發行, 2019.03

　冊 ；　公分

ISBN 978-986-496-470-3(下冊：平裝)

1.敦煌學 2.石窟 3.文獻

797.9　　　　　　　　　　108003206

本著作物經廈門墨客知識產權代理有限公司代理，由浙江大學出版社有限責任公司授權萬
卷樓圖書股份有限公司發行中文繁體字版版權。

本書為金門大學產合作成果。　　　　校對：　陳羚婷／華語文學系四年級